KB189643

부처님 가르침대로 살자

부처님
가르침대로
살자

고우 스님 수행 이야기

박희승 지음

조계종
출판사

"불교에 대한 정견正見을 세우고 한다면
어떤 수행법이라도 다 좋습니다. 그러나
화두 공부가 가장 빠르다는 특색이 있어요.
이것은 우리가 본래 부처이니 중생이라는 착각만 깨면
바로 부처로 돌아가는 공부입니다."

1960년대 말 설악산 봉정암에서(오른쪽 두 번째).

범어사에서 선어록 공부를 마치고(뒷줄 오른쪽에서 세 번째).

구산선문 천년고찰이자 조계종 유일의 종립 선원인 희양산 봉암사 전경. 고우 스님은 봉암사 제2결사를 통해 봉암사의 기반을 다졌기에 봉암사에 대한 애정이 각별하였다.

각화사 태백선원 하안거 결제 기념(가운데).

2002년 각화사 태백선원에서 고우 스님(왼쪽 두 번째)을 처음 만난 필자(오른쪽).

고우 스님이 1987년부터 2005년까지 주석한 태백산 각화사 서암.

충주 석종사 금봉선원에서 가진 『간화선』 편찬회의.

2013년 조계사에서 『육조단경』을 강의하시는 고우 스님.

성철 스님 탄신 100주년에 열린 '『백일법문』 대강좌'.

선원수좌회 선종 사찰 순례 중, 육조혜능 대사 교화 도량인 조계산 남화선사 선방 앞에서.

2011년 간화선과 위빠사나의 만남 국제 연찬회에서 고우 스님과 파욱 스님.

금봉암에서 스님과 함께. 스님은 개를 좋아하여 노년에 금봉암에서도 개를 키우며 살뜰하게 보살피셨다.

고우 스님 영결식(2021년 9월 2일 봉암사).

봉암사 고우 스님 부도(가장 왼쪽). 옆이 적명 스님, 가운데는 태고보우 국사.

"나는 폐병에 걸려서 죽으려고 절에 왔다가
불교를 만나 정말로 행복하게 잘 살았습니다.
행복하게 잘 살다 갑니다. 누가 물으면,
'그 노장 그렇게 살다가 그렇게 갔다'고 하세요."

추천사

불안과 원망으로 가득 찬 삶에서 무한한 희망의 삶으로 나아가는 길

나와 남이 둘이 아니라는 불이중도不二中道를 깨닫고 나서 한평생 여여하게 삶으로 보여주신 고우 스님 수행 일대기를 추천합니다.

스님은 젊은 시절 향곡 스님을 찾아뵙고 생각의 감옥에서 벗어나는 수행법, 간화선의 수승함을 알게 되었다고 합니다. '마음도 아니요, 부처도 아니요, 물건도 아니다. 이것이 무엇인가?' 이러한 화두를 받고 말길이 끊어진 세계로 들어선 겁니다.

심원사에서 정진을 이어가던 중 '무시이래無始以來'가 시작함이 없는 아득한 옛날이 아니라, 바로 지금 여기라는 소식을 깨닫고 나서 말과 행이 하나인 삶을 사는 계기가 되었다고 하셨지요. 그 후 태백산에서 『육조단경』「정혜불이품」에 이르러 백척간두 진일보의 뜻을 깨닫고, 중도 연기의 삶이 바로 우리 자신임을 체험, '나'라는 개인에서 공성인 '우리'가 된 삶으로 내려오셨습니다. 우리 모두가 걸어가야 할 이정표를 역력하게 보여주신 거지요.

스님은 이러한 최상승 도리 간화선이 모든 사람들에게 빛과 희망이 되지 못하는 원인을 찾느라고 많이 고민하신 걸로 알고 있습니다.

스님은 그 원인 중 하나가 수행자들이 삶 따로 수행 따로 분리되어 있기 때문이라고 하면서 말과 행, 그리고 수행과 삶이 둘이 아닌 삶을 평생 보여주고 가셨습니다.

이러한 무한 향상인 부처의 길을 걷고자 하면 먼저 중도 정견에 대한 확고한 신념이 서 있어야 된다고 법문하실 때마다 강조하셨습니다. 성철 스님의 『백일법문』에 그 길이 자세하게 정리되어 있다고 힘주어 말씀하시며, 누구든지 『백일법문』을 읽고 중도 연기를 이해하면 팔만대장경을 모두 이해할 수 있다고 적극 권하고 직접 그렇게 가르치셨습니다.

그러기에 스님의 삶은 '나'라는 상이 사라진 여여한 수행자의 삶이요, 공심으로 살아가신 한평생이었습니다.

부처님 말씀이 아니면 말하지 않았고 조사행이 아니면 행하지 않으셨던 고우 스님 수행 일대기를 진솔하게 엮어 주신 중효 거사님 고맙습니다. 부디 이러한 일대기가 독자들을 생각의 감옥에서 벗어나 대자유인이 되는 길, 머무는 바 없는 삶으로 나아가는 길로 인도하기를 간절한 마음으로 발원합니다.

나무마하반야바라밀.

조계 후학 석종사 금봉선원장

혜국 합장

추천사

추모와 선양의 마음으로 엮은 고우 스님 수행 일대기

소납은 1987년 성철 스님을 모시고 해인총림에서 총무 소임을 살던 시절에 고우 스님을 처음 뵈었습니다. 고우 스님은 도반 적명 스님과 함께 해인사에서 선화자 수련법회를 열었는데, 선승들이 500여 명이나 모여 선풍이 크게 일어났습니다. 그 뒤 고우 스님은 태백산 각화사에서 정진 잘하시는 수좌로만 알고 있었습니다.

2000년 무렵 소납이 뜻하지 않게 정대 총무원장 시절 총무부장 소임을 살 때 총무원 기획차장 박희승 거사를 알게 되었습니다. 지금 조계사에 세워진 한국불교역사문화기념관 건립이나 2002년에 시작된 템플스테이 사업에 기획차장 박 거사가 드러나지 않게 역할을 하였습니다. 그 뒤

박 거사는 고우 스님을 만나 성철 스님의 『백일법문』을 보고 불교의 근본 중도에 눈을 뜬 뒤 간화선 대중화에 전념하였습니다.

2012년에 성철 스님 탄신 100주년 기념 행사를 준비할 때 박 거사가 찾아와 고우 스님을 모시고 '『백일법문』 대강좌'를 조계사에서 열려고 하니 좀 도와달라 하였습니다. 소납이 기꺼이 호응하니 300석 되는 강당이 꽉 차 더 들어갈 수 없을 정도로 성황을 이루었습니다. 당시까지 너무 어렵다던 성철 스님의 『백일법문』이 대중에게 소개되어 더 널리 읽히게 되었습니다.

고우 스님은 그때 "성철 스님은 『선문정로』, 『본지풍광』으로 부처님께 밥값 했다고 하셨는데, 나는 오히려 『백일법문』이 성철 스님께서 부처님 밥값 하신 것이라 본다."라며 『백일법문』의 가치를 알아보셨습니다. 어렵게 책을 만든 소납으로선 참으로 보람을 느끼는 순간이었습니다.

어느새 고우 스님이 가신 지 3년이 지났습니다. 이 시점에 박희승 거사가 추모와 선양의 마음으로 고우 스님 수행일대기를 책으로 펴낸다고 하니 출가자의 한 사람으로 참으로 기쁘고 고마운 일입니다.

고우 스님은 봉암사 제2결사로 한국 간화선풍을 중흥하셨고, 불교의 근본이 중도라는 것을 깨달아 역대 조사들의 돈오돈수 사상을 이으셨으며, 평생 그와 같은 깨달음을 실천하셨습니다. 이번에 발간된 이 책이 널리 읽히어 고우 스님의 행적이 더 많은 이들에게 알려지기를 희망합니다.

백련불교문화재단 이사장

원택 합장

서문

•

고우 스님 수행 일대기를 정리하며

고우 스님은 출가하여 평생 참선의 길을 가신 평범하고도 훌륭한 수행자였습니다. 이즈음 정치·사회적인 양극화와 갈등이 깊어가니, 중도와 간화선으로 인간의 존엄성과 불교의 가치를 일깨운 고우 스님이 더욱더 그립습니다.

스님은 25세에 불치병을 얻자 세상을 떠난다는 마음으로 깊은 절에 갔다가, 부처님 가르침을 만나 자기 존재의 가치를 발견하고 평생 부처님 가르침대로 사시다가 85세인 2021년 열반에 드셨습니다. 저는 조계종 총무원에서 일할 때 조계종단에 회의가 들어 방황하다가, 고우 스님을 만나 부처님의 중도 지혜와 간화선을 조금 체험하고 마음이 편안해졌습니다. 그 뒤 이렇게 위대하고 훌륭한 가르침을

나 혼자 알기에는 너무 아깝다 생각해 세상에 널리 알리기 시작했습니다. 스님 도반이신 봉암사 법연 스님이 "고우 스님 전성기는 70대다."라고 하실 만큼, 고우 스님은 70세 이후 중도와 간화선을 알리기 위해 노고를 아끼지 않으셨습니다. 그러나 80세에 이르자 기력이 급격히 떨어져 "부처님도 팔십에 열반하셨으니 나도 이제 은퇴할 때다." 하시고는 금봉암에 은둔하셨습니다. 돌아가실 무렵 수좌 스님들이 "지금의 봉암사 정신을 세운 분이니 봉암사로 모시자." 하여 봉암사에서 편안하게 열반에 드셨습니다.

그 뒤 원택 스님의 배려로 『월간 고경』에 고우 스님 수행 일대기를 정리하여 올렸는데, 스님의 수행처를 답사하고 도반 스님들의 말씀을 듣다 보니 고우 스님의 행적과 수행에 대해 더 깊이 알게 되었습니다.

고우 스님은 지금의 조계종 종립 선원인 희양산 봉암사의 기반을 다진 분입니다. 봉암사는 1947년 성철 스님, 청담 스님 등이 청정한 법과 계율대로 정진하자고 뜻을 모은 1차 결사가 이루어진 곳이지만 한국전쟁 이후 방치된 상태였습니다. 그런데 1969년에 고우 스님이 수좌 도반 10여 분과 함께 구산선문과 참선 결사 전통을 되살려 '부처님 가르침대로 살자'며 봉암사 제2결사를 하신 것입니다. 스님은 은사와 문중 중심의 종단 질서에서 봉암사만이라도 부처님 가르침을 오롯이 수행하는 수좌 원융 도량이 되어야 한다는 생각을 도반들과 실천하셨습니다. 이것이 부처님 가르침대로 살자는 봉암사 결사 정신입니다. 고우 스님은 이후 봉암사와 제방 선원을 오가며 각처에서 정진하셨지만, 자다가도 '봉암사'란 말이 들리면 벌떡 일어나셨다고 합니다.

스님은 간화선풍을 실천하는 봉암사를 외호하면서도 스스로 수행에 소홀하지 않아, 1971년 문경 심원사에서 좌선 중 '무시이래無始以來'라는 구절을 깨닫고 공의 이치를 알았습니다. 그때는 선방에서 대체로 돈오점수頓悟漸修 공부하던 시절이라 스스로 돈오 견성했다고 생각했답니다. 그래서 1975년 남해 용문사 염불암에서 예기치 않게 성철 스님을 친견하게 되었을 때 성철 스님께 "돈오점수가 맞지 않습니까?" 하고 대들었답니다. 그러자 성철 스님이 획 돌아누워 등을 보이셨답니다.

1987년에 고우 스님은 각화사 동암에서 홀로 정진 중 『육조단경』을 보다가 「정혜불이품」에 이르러 '백척간두 진일보'의 뜻을 깨쳤습니다. 돈오한 입장에서 그보다 더 큰 깨달음을 체험한 고우 스님은 스스로의 공부를 점검한 끝에 성철 스님의 『선문정로』와 『백일법문』이 선禪의 종지宗旨를 바로 정립한 것임을 알게 되어 돈오돈수頓悟頓修가 조사 선지식의 바른 안목임을 확인하게 되었고, 비로소 성철 스님께서 돌아누워 등을 보이신 뜻도 바로 알게 되었습니다. 그리하여 1987년 해인사에서 성철 스님을 모시고 선화자 수련법회를 크게 열었는데 수좌 대중 500여 명이 모여 한국 선종사에 유례없는 선풍 진작을 이루었습니다.

고우 스님은 향곡 스님, 서옹 스님, 성철 스님, 서암 스님, 지유 스님을 가까이 모시고 정진하였고, 한국 현대불교의 간화선을 대표하는 선지식으로서 크게 역할을 하신 분입니다. 이 책은 고우 스님의 수행 일대기를 한국불교의 현대사와 관련하여 발굴하고 정리한 것입니다.

이렇게 책으로 내놓으려니 고우 스님의 고귀한 행적에 비하여 저의 기록과 정리가 부끄럽기 그지없습니다. 다만, 지금 총무원장 진우 스님께서 간화선의 가치에 주목하시며 선명상이라는 쉬운 말로 세상 사람들에게 마음 평안의 길을 제시하려 하시니, 이야말로 평소 고우 스님께서 그토록 뜻하신 바인지라 저로선 너무나 환희심이 나고 고맙습니다.

고우 스님 수행 일대기가 나오기까지 늘 공부를 이끌어 주시는 석종사 혜국 스님, 제가 힘들 때마다 한결같이 밀어 주고 도와주시는 원택 스님이 계시어 큰 힘이 되었습니다. 그리고 부족한 원고를 책으로 내자고 먼저 제안해준 조계종 출판사에 깊이 감사드립니다. 고우 스님을 선지식으로 모시고 늘 함께 정진하는 불교인재원 생활 선명상 도반님들께도 깊은 감사의 마음을 전합니다. 그 외에도 이 책이 나오기까지 도움을 준 수많은 인연들에게 다 인사드리지 못하나 마음은 늘 함께하며 고맙다는 예를 표합니다.

이 글로는 고우 스님의 고귀한 수행과 덕행을 도저히 담을 수 없지만, 이렇게나마 스님의 가르침과 덕화에 보은하고자 합니다.

저에게 스님은 그대로 살아 계신 부처님이십니다.

불기 2568(2024)년 여름

남산에서 중효 박희승 합장

차례

— 공심公心으로 살다

—두 번의 깨달음을 돌아보다

— 선지식의 마지막 발자취

덧붙이는 말

부처님 법을 만나다

탄생과 병고,
그리고 출가

유년시절과 폐결핵
급작스런 어머니의 죽음

은암당 고우 스님은 일제강점기였던 1937년 12월 30일, 의성 김씨 가문의 3남 1녀 중 막내로 태어났다. 조상 대대로 성주군 용암면에 거주하였지만, 증조할아버지 대에 인근 고령군 운수면으로 이주하여 스님은 그곳에서 나고 자라게 되었다.

부모님은 스님의 이름을 김정완金丁浣이라 지었는데 면사무소 호적 담당자의 실수로 호적상 이름은 김정원金丁院이 되었다. 당시 이름을 고치는 절차가 복잡하여 주민등록에도 김정원으로 기록되어 지금에까지 이르렀다.

스님이 태어난 시대는 일제강점기로 우리 민족에게는 고난의 시절이었다. 스님의 집안은 친가와 외가 할아버지가 모두 면장을 지낼 정도로 지역 유지여서, 풍족하지는 않아도 어렵지 않은 유년기를 보냈다. 집안 어른들의 남다른 교육열로 부모님 손에 이끌려 일본으로 유학 가서 초등학교를 다니다가 8·15 광복 후 귀국하여 조상들이 살던 성주에 정착했다.

스님의 부친은 친구와 술을 좋아하고 노름판에 어울리느라 가정을 소홀히 하였다. 그러다 보니 어머니 혼자서 아이들을 키우고 살림을 살면서 마음고생이 많을 수밖에 없었다. 스님은 어린 나이에 어머니의 고충도 모르고 응석을 부리고 많이 의지하였다며, 뒷날 법문하실 때 "내가 너희 집에 시집와서 평생 고생만 한다."라고 하시던 어머니의 말씀을 떠올리곤 하셨다. 시집와서 가정을 이루고 아이 낳아 키우셨음에도 평생 '너희들 집'이라 하시며 객客처럼 사시다가 일찍 가신 어머니의 삶을 안타까워하셨다.

스님 위로는 형님이 두 분 계셨는데, 둘째 형님이 똑똑하였으나 광복 뒤 진보운동을 하다가 전쟁 때 행방불명되었다. (스님께서 출가 대중 생활을 하실 때 어른 스님들이 고우 스님에게 “스님 사상이 좋다.”라고 하셨는데, 그때는 그 말뜻을 몰라 ‘내 형님이 좌익운동한 것을 알고 저러시나?’ 하고 마음을 졸였다고 하셨다.)

스님 집안은 늘 개를 키웠고, 스님도 어려서부터 개를 좋아하여 노년에 금봉암에서도 반려견을 키우며 살뜰하게 보살피셨다. 어릴 때 어머니가 “야야, 집에서 키우는 개도 함부로 대하지 말거라. 우리가 함부로 하면 남들은 더 박대한다.” 하셨는데, 스님은 어머니의 그 말씀을 ‘가까운 사람을 귀하게 여기라’는 뜻으로 새겨 법문하실 때 가끔 인용하셨다.

스님은 신문을 통해서 세상 돌아가는 사정을 알기도 하고 문학 소년의 꿈을 키우기도 하셨다. 시골이었지만 당시 집에서 신문(「동아일보」라 하셨다)을 구독하여, 세상의 소식을 접할 수 있었고 연재소설을 재미있게 읽기도 했다. 신문을 보며 익힌 한자가 출가 후 강원에서 경전을 보는 데에도 많은 도움이 되었다고 한다.

청소년기에 작가의 꿈을 가졌던 스님은 이태준의 『문장강화』라는 책에 매료되어 흉내 내보기도 하고 헤르만 헤세의 『싯다르타』를 읽고 깊은 인상을 받기도 하였다.

성주에서 고등학교를 마친 스님은 공군에 자원 입대했

다. 남들이 공군이 편하다고 해서 자원했지만 복무 기간이 36개월로 길었다. 그곳에서 모진 고생을 하며, 흔히 폐결핵이라 불리는 결핵성 늑막염을 얻었다. 당시로서는 불치병이었다. 군에서 폐결핵으로 고생하다가 제대하였는데, 그 무렵에 스님이 많이 의지하던 어머니마저 갑자기 돌아가셨다. 스님은 큰 충격을 받았고 깊은 슬픔을 겪어야 했다. 이때 인생의 무상無常함을 절감하고는 삶에 회의가 일어 방황하게 되었다.

수도암으로
출가하다

1961년, 스물다섯 살의 스님이 병고에 시달리며 방황 끝에 찾아간 곳이 김천 수도산 수도암修道庵이었다. 부처님의 가르침을 찾거나 남들처럼 구도 발심으로 절에 간 것이 아니었다. 어머니의 죽음과 자신의 병고로 방황하다가 마지막으로 발길이 닿은 곳이 바로 수도암이었다.

지금 수도암은 이름난 선원으로 길도 잘 닦여 있고 불사도 크게 하였지만, 스님이 출가할 당시에는 마을에서 수도암까지 가는 길조차 없었다. 그래서 청암사靑巖寺 극락전에서 오솔길로 걸어서 올라갔다. 수도암은 참으로 깊은 암자였다. (스님은 입적하시기 몇 달 전에 상좌들과 마지막으로 수도암을 참배하셨다.)

수도암에 가니 법희法喜[1] 스님이 주지로 계셨다. 고우 스님은 여기서 법희 스님을 은사로 머리를 깎고 '혜운慧雲'이라는 법명을 받아 행자 생활을 시작했다. 거슬러 올라가면 고우 스님의 법맥法脈은 법희－봉인－퇴운원일－우송 … 사명－서산 … 태고보우 국사로 이어진다.

수도암 행자 시절과 사미계 수지

그렇게 스님은 25세에 수도암에서 행자 생활을 시작했

---

1 법희 스님은 직지사가 본사로 직지사 주지 봉인 스님이 은사다. 봉인 스님의 은사는 역시 직지사 주지를 지낸 퇴운원일退雲圓日(1877~1939) 스님이다. 퇴운 스님은 근세에 유명한 제산정원霽山淨圓(1862~1930) 선사의 사제 되는 분이니, 제산 스님과 법형제로 은사가 사명대사의 법맥을 이은 해인사 우송友松 스님이다. 퇴운 스님의 비는 직지사에 세워져 있다. 한암 스님이 지은 퇴운원일 선사 비문에 "평소에 근검 절약하였고, 시주물을 아끼고 보호하여 논 100여 석을 사들여 그 세수로 선원의 양식을 삼았는데, 임종 시에 유언하기를 이것을 다른 데에 쓰지 말고 선방 수좌들의 양식으로만 삼아라."라고 하신 분이니, 그 신심과 원력을 알 수 있겠다.

다. 스님이 행자 생활할 때 수도암은 건물도 많지 않고 선방조차 없었다. ㄱ자형으로 40평쯤 되는 인법당과 옆에 세 칸짜리 요사채와 후원채가 전부였다. 마당에 연못이 있었는데 참 보기 좋았다고 한다.

가끔 해인사 스님들이 해인사와 청암사로 통하는 산길을 통해 가야산을 넘어 걸어왔다. 그때 보성 스님, 법전 스님 등 몇 분이 수도암으로 와서 옥수수를 따서 죽을 쑤어 먹고 그러는 것을 보았다. 보성 스님의 은사인 구산 스님이 수도암에서 정진하셨고, 그때 보성 스님이 시봉했다고 한다. 훗날 해인사 방장과 종정에 추대된 법전 스님은 1969년에 수도암을 맡아 중창불사를 해서 1975년에 선원도 열고 지금의 수도암을 만들었다.

수도암 행자 생활 중에 스님은 직지사直指寺로 가서 관응觀應 스님을 계사로 사미계를 받았다. 관응 스님은 당시에 이미 대강백으로 이름난 분이었다. 그때 수계 도반으로 설악산 영시암을 중창한 도윤 스님을 만났다.

도윤 스님은 고우 스님보다 나이가 여섯 살 많았지만, 노년까지 교류한 도반이다. 경북 선산 출신으로 동국대 사학과를 졸업하고 고향에서 농사를 지으며 농촌계몽운동을 하다가 당숙이었던 김동화金東華 동국대 교수의 소개로 속리산 복천암에서 강의하던 관응 스님 문하로 출가하였다. 뒤에 관응 스님이 직지사로 오시자 따라와서 고우 스님과 함께 사미계를 받았다.

청암사 정화로 인한 도피행

청암사에서 고봉 스님 아래 강원 공부를 시작하다

출가한 다음 해인 1962년, 스물여섯의 고우 스님은 수도암 바로 아래에 있는 큰 절 청암사로 내려가 강원 공부를 시작했다. 일제강점기까지만 해도 청암사에는 학인 수십 명이 모여 공부하는 큰 강원이 있었지만, 스님이 출가할 무렵에는 대처승들이 주지를 하면서 강원이 없었다. 본사인 직지사 스님들이 뜻을 모아 범어사 고봉 스님을 강주로 초빙하면서 청암사 극락전에 강원이 다시 열렸다.

강주로 초빙된 고봉高峰(1900~1968) 스님은 선禪과 교敎를 겸하신 강백이었다. 황해도 장연에서 태어나 일제강점기에 한국불교의 전통을 지켜 용맹정진한 대선지식 용성 스님 문하에 출가하였다. 고봉 스님은 용성 스님을 따라 도봉산 망월사 선원에서 만일 수선결사에 참여하였고, 금강산 유점사 마하연선원을 거쳐 석왕사 선원에서 공부의 안목이 열렸다. 해인사 퇴설선원에서 정진할 때 우연히 화봉유엽 화상의 권유로 해인사 고경 강백 문하에서 불경을 공부하기 시작하였다. 이후 법주사, 범어사, 통도사, 유점사 강원을 두루 다니며 수학하였고, 서울 개운사 강원에서 석전 한영 대강백에게 경안經眼을 인가받아 전강 제자가 되었다. 이처럼 고봉 스님은 선맥으로는 용성 스님, 강맥으로는 한영 스님의 맥을 이은 분이었다.

고봉 스님을 강주로 강원이 열릴 당시 청암사는 대처승들이 절을 운영하고 있었기 때문에 개울 건너 암자 같은 극락전에 학인 7~8인이 모일 수 있는 작은 강원이 만들어졌다. 강주 고봉 스님이 조실, 설법 잘하시기로 유명했던 우룡 스님이 주지, 쌍계사 방장으로 총무원장과 전계대화상을 역임하셨던 고산 스님이 총무를 맡았고, 고우 스님은 학인으로 공부하며 재무를 맡다 교무를 하기도 했다.

강주 고봉 스님은 아주 엄하고 철저한 분이었다. 사찰이나 종단 소임은 일절 맡지 않고 수행과 전법의 본분사에 충실하고자 하였다. 언제나 새벽 3시에 일어나 예불, 참선, 간경, 강의를 일과로 하였다. 고봉 스님은 고산·우룡 스님에게 강맥을 전하는 전강식傳講式을 청암사에서 했는데, 그 때 고우 스님이 교무로 사회를 봤다.

대한불교조계종 출범과 정화의 확산

1962년은 한국불교사에서 매우 뜻깊은 해이다. 현재 한국불교를 대표하는 종단인 대한불교조계종이 출범했기 때문이다. 한국불교는 삼국시대에 전래되어 1700년의 역사와 전통을 가지고 있지만, 일제강점기에 일본제국주의자들의 식민지 정책으로 한국불교의 전통이 훼손되고 지계 정신이 무너지면서 대처승帶妻僧이라는 일본불교의 폐풍이 유입되었다. 용성 스님은 대처승 제도가 불교를 망친다며 일제 총독부에 대처승 철폐를 요구하기도 했다. 전통을 곧게 지키던 선승禪僧들은 총독부의 사찰령寺刹令 통제에서 벗어나려고 서울 안국동에 선학원禪學院을 건립하여 독립적인 공간을 마련하였다. 청담 스님과 운허 스님 같은 분들은 일제강점기에도 정화운동을 도모하였고, 일제 말기에는 성철 스님과 속리산 복천암, 문경 대승사 선원에서 일제 패망 이후를 내다보며 승단 정화운동을 준비하였다.

광복 뒤 청담 스님, 경봉 스님, 석주 스님 등은 서울 안국동 선학원을 근거로 교단 개혁을 추진하여 대처 문제 해결과 해인사에 총림을 지정하는 등 수행 종풍 진작을 위해 노력하였으나 좌우 이념 대립과 남북 분단, 그리고 교단 내 대처승들의 완강한 저항으로 어려움이 많았다. 1947년에 성철, 자운, 보문, 우봉 등 선승들이 구산선문 전통의 희양산 봉암사에서 "부처님 법대로 살자!"는 기치 아래 수행 결사를 시작, 승가 안에서부터의 정화운동을 시작하였다.

1950년 6·25 전쟁이 터지자 봉암사 결사는 중단되었고, 전쟁과 농지개혁 여파로 사찰의 대처승 주지들은 가족 부양 때문에 선원 수좌들에게 양식을 대주지 않았다. 전쟁이 끝나자 비구 선승들은 불교의 수행 전통이 심각한 위기에 처했다며 선학원에 모여 승단의 대처승 정화운동을 결의하였다. 일제 식민지 잔재인 대처승들이 교단과 사찰을 장악하고 수행과 전법을 위한 삼보정재三寶淨財를 사유화하니 불교의 심각한 위기였다.

1954년부터 선학원에 모인 비구승들은 "불법에 대처帶妻는 없다!"는 기치로 대처승들에게 교단과 사찰 밖으로 나가기를 촉구하면서 조계사로 가서 가마솥을 뒤집어놓고 대웅전에서 단식 철야기도에 들어갔다. 선학원을 거점으로 효봉·동산·금오·청담 스님 등이 중심이 되었다. 전국 주요 사찰은 이 정화 문제로 비구와 대처 측이 치열하게 대치하면서 급기야 세속 법정에서의 재판으로까지 이어졌다. 이것이 언론에 대대적으로 보도되면서 큰 사회 문제가 되었고, 1962년에는 박정희 정권이 들어서 정부 차원에서 적극 개입하게 되었다. 정부가 공권력을 앞세워 비구승과 대처승의 화합과 타협을 종용하자 마침내 비구승 중심의 통합 종단인 대한불교조계종이 출범하게 되었다.

청암사 정화 갈등으로 도피행을 하다

비구승 중심으로 조계종단이 출범하자 산중 사찰에도 정화의 물결이 밀어닥쳤다. 청암사를 장악하고 있던 대처 측과 개울 건너 극락전 강원의 비구 측이 정화로 시비하던 중 멱살잡이와 주먹다짐이 일어나 양쪽이 다치는 불상사가 일어났다. 인원은 7~8명으로 양쪽이 비슷하였으나 비구 측은 20대 학인이었고, 대처 측은 결혼한 승려들이었다. 대처 측이 고소하자 비구 측도 맞고소하여 다음 날 양쪽이 다 지서에 불려가게 되었다. 그때 고우 스님은 발목이 접질려 걸을 수가 없어 가지 못했다. 비구승들이 지서에 가보니 대처 측은 이빨이 부러지는 등 많이 다쳤다고 하였고, 이쪽에서는 고우 스님이 아주 심하게 다쳐 걸을 수도 없어 못 왔다고 하였다. 지서를 다녀온 비구승들은 사태가 좀 심각하다는 것을 느끼고 고산 스님이 주재하는 대책회의를 열어 고우 스님을 비롯해 세 사람을 주모자로 해서 책임을 지기로 했다.

당시는 군인들이 정권을 장악한 뒤 사회 기강을 잡는다고 깡패 단속이 아주 심할 때였다. 경찰은 깡패나 부랑자들을 잡아다 반쯤 죽도록 패고는 제주도로 끌고 가서 강제 노역을 시켰다. 인권이나 민권 같은 게 없던 시절이니 경찰에 잡혀가면 어찌 될지 알 수가 없었다. 하여 책임을 지기로 한 세 사람, 즉 고우 스님과 해인사 율주를 지낸 종진宗眞 스님, 수좌 기성寄星 스님은 수도암으로 올라가 수도산을 넘어서 도망을 갔다.

한겨울에 홑옷, 흰 고무신 차림으로 수도산을 넘어 발길이 닿은 곳이 영주 부석사였다. 거기까지 가는 동안 겪은 고생은 이루 말로 표현할 수가 없었다.

부석사에 잘 도착하였다고 청암사로 편지를 보내니 고산 스님은 경북 도내에 지명 수배가 떨어졌으니 도를 벗어나라고 답신을 보내왔다. 그래서 영주 부석사보다 더 깊은 봉화 문수산 축서사로 갔다. 당시 비탈의 암자였던 축서사에 가니 노스님 한 분이 반겨주어 머물게 되었다.

고우 스님은 뜻밖의 정화사태로 산중 깊은 곳으로 도피하며 봉화와 그렇게 첫 인연을 맺게 되었는데, 후일 축서사 주지도 지내고, 각화사 동암과 서암을 오가며 머물다 마침내 70대에 문수산 자락에 금봉암을 창건하여 주석하게 된다.

관응 스님에게 『대승기신론』을 배우다

고우 스님은 축서사에 도피해 있던 중에 정부가 민심 수습 차원에서 사면령을 내려 수배가 풀리자 다시 청암사로 돌아와 고봉 스님에게 『금강경』을 배웠다. 스님은 강원에서 나이가 많고 한자를 좀 안다고 월반을 하기도 했다. 그 뒤 직지사 강원으로 가서 관응觀應[2] 스님에게 『대승기신론』을 배웠다. 당시에는 강원이라도 한곳에서 공부하는 것이 아니고 이름난 강사 스님이 있으면 찾아가서 배우는 옛 풍습이 남아 있던 때였다.

청암사와 직지사 강원을 오가며 『대승기신론』을 공부하던 중 관응 스님이 1963년에 용주사 주지로 가게 되자 고우 스님도 같이 가서 본격적인 불교 공부의 길로 들어서게 되었다.

---

2 관응(1910~2004) 스님은 상주에서 태어나 남장사에서 탄옹 스님을 은사로 출가, 금강산 유점사 강원을 마치고 설호 강백에게 전강을 받은 분이다. 동국대 전신인 중앙불교전문학교를 다니다 일본 류코쿠대학에 유학도 하였다. 그 뒤 유점사, 월정사, 김룡사 강원을 거쳐 직지사 강원에서 명강의로 이름을 떨쳤다.

불교와 선을 알게 되다

어려운 여건에도 용주사 강원에서 공부하다

고우 스님은 강원에서 불교 공부를 제대로 하면서 점점 재미를 느끼고 삶에 의욕이 생겨 먹던 약을 버렸지만 건강에 아무 이상이 없었다.

용주사 강원 시절에는 은사 스님의 학비 후원이 끊어져 형편이 아주 어려웠다. 그 흔한 고무신 살 돈이 없어서 구멍 난 흰 고무신을 신고 다녔는데, 비가 오면 물구덩이를 피해 돌 위를 밟고 다녀야 했다. 하지만 절에서 먹여주고 재워주고 공부까지 가르쳐주니 더 부족한 것도 바랄 것도 없었다. 당시 절의 수행 환경은 지금과 비교할 수 없이 궁

필하였다. 그렇지만 대강백 관응 스님의 청산유수와 같은 강설 덕분에 불교 공부에 재미가 나고 강원의 공부 열기는 뜨거웠다.

월정사 탄허 스님의 명강을 듣다

용주사 강원에서 공부하던 중 월정사 정화가 일어났다. 오대산 월정사는 일제강점기에 일본 상인의 농간으로 폐사 위기에 직면했는데 독립운동을 하던 지암 이종욱[3] 스님이 지혜와 원력을 모아 한암 스님을 조실로 모시고 월정사를 안정시켰다. 지암 스님은 그 공덕으로 중앙에 진출하여 조계사를 창건하고 조계종을 재건한 큰 인물이다.

일제강점기에 재건된 조계종 종정을 지낸 한암 스님의

---

3 지암 스님은 일제강점기 항일운동을 하다가 옥고를 치르고 나온 후 월정사에서 한암 스님을 조실로 모셨고, 31본산 주지 대표가 되어 당시 태고사(지금의 조계사)를 건립하고 조선불교조계종을 재건하였다. 지암 스님은 불교사에 굵직한 업적을 남기고 광복 후 국회의원이 되어 이승만 정권의 농지개혁 때 불교 입장을 대변하기도 하였지만, 일제강점기 교구본사 주지들이 대개 그러하였듯이 대처라는 허물이 있었다.

제자 탄허 스님은 젊어서부터 대강백으로 이름이 높았다. 1962년 통합종단이 출범하고 난 뒤 월정사에서 대처승들을 정화하려 하였으나 지암 문도의 세력이 상당하여 일진일퇴를 하고 있었다. 1964년 무렵 탄허 스님 쪽에서 총무원과 주요 사찰, 강원으로 월정사 정화불사를 도와달라는 사발통문을 보냈다.

당시 서울 총무원에서는 승려 교육을 목적으로 종립 동국대에 입학할 종비생을 선발하였는데, 종비생 1기에 법주사 월탄 스님 등이 있었다. 종비생 스님들을 비롯하여 전국 강원에서 오대산 정화를 지원하려고 월정사로 갔으며, 고우 스님도 용주사 강원에서 학인 스님 다섯 명을 인솔하여 갔다.

정화는 대처승을 절 밖으로 내쫓는 것이니 분위기는 싸움터 같았지만, 탄허 스님은 대강백답게 그런 정화의 와중에 10일 동안 『장자』 「재물론」 특강을 하셨다. 정화를 도우려 전국에서 온 강원 학인들은 탄허 스님 강의에 관심이 높았고 좋아했다. 불과 열흘밖에 안 되는 강의였지만, 책을 구하기 어려웠던 그 시절, 탄허 스님은 칠판에 『장자』 「재물론」을 한 구절 쓰시고 강의하고 지우고 다시 쓰고 하며,

그것을 다 외워 강의를 하셨다. 글씨도 명필에 워낙 박학다식하고 설법도 유창하여 공부 열기가 대단했다. 어떤 스님이 "어쩌면 그렇게 머리가 좋으시냐?"고 탄허 스님에게 물으니 스님 말씀이 "어떤 글을 보더라도 300번은 봐야 한다."고 하셨다. 탄허 스님 공부하는 방식이 그러셨다.

그 당시 고우 스님이 또 놀랐던 일화가 있다. 월정사 산내 암자 육수암 비구니 스님도 그 강석 맨 뒤에 앉아서 강의를 들었는데 「재물론」을 다 외우고 있었다. 탄허 스님이 칠판에 다다닥 쓰면 동시에 그 비구니 스님이 똑같이 읊조리고 있었다. 「재물론」을 외워서 강의한 탄허 스님도 대단했지만 탄허 스님처럼 외우고 있던 비구니 스님은 더 놀라웠다.

선과 교를 겸하신 혼해 스님을 만나 선禪에 발심하다

고우 스님은 1965년에 상주 남장사로 가서 혼해混海 스님께 강원 사교四敎(『금강경』, 『원각경』, 『대승기신론』, 『능엄경』) 과정을 배웠다. 혼해 스님은 삼척 천은사로 출가해서 금강산에서 경을 본 뒤 대승사, 도리사, 직지사, 해인사 선원에서 정진한 분으로 1950년 인민군이 쳐들어왔을 때 해인사 주지를 하셨다. 스님을 칭할 때 흔히 경전을 강설하면 강사, 선원에서 참선하면 선사라 하고 주지를 맡아 소임을 살면 사판이라 한다. 그런데 혼해 스님은 강사, 선사, 그리고 해인사 주지까지 하신 특이한 이력을 가진 분이었다.

고우 스님은 상주 남장사에서 혼해 스님께 『금강경』을 일대일 독강으로 배웠다. 혼해 스님은 그동안 강백으로 이름이 높았던 고봉·관응·탄허 스님들께 배운 것과는 전혀 다른 방식으로 강을 하셨다. 모든 강을 선禪 문답식으로 하였다.

가령 『금강경』을 배울 때 첫머리에 "부처님께서 공양 때가 되어 사위성으로 가서 일곱 집을 차례로 걸식하시어 본래 자리로 돌아와 공양을 마친 뒤 가사와 발우를 거두시고 발을 씻으신 다음 자리를 펴고 앉았다."고 첫 대목을 읽으시고는 "부처님이 이 걸식하여 본래 자리로 돌아온 행으로 모든 법문을 설해 마쳤다고 하는데, 이것이 무슨 뜻인지 아느냐?" 하고 학인인 고우 스님에게 물었다. 강사 스님들은 대체로 일방적인 강의를 하는데 혼해 스님은 토론식, 문답식으로 강을 하셨다.

혼해 스님에게 문답식으로 경을 공부하면서 고우 스님은 '불립문자不立文字 교외별전教外別傳'이라는 참선의 가치를 알게 되었고 자연스럽게 신심과 발심이 났다. 스님은 늘 "내가 이렇게라도 경전과 조사어록을 보는 것이 다 혼해 스님의 영향이다. 특히 혼해 스님의 『금강경』 강은 너무나 좋았다. 선에 눈을 뜨게 해주셨다. 참선한 사람과 안 한 사람의 차이를 알게 되었다."라고 말씀하셨다.

혼해 스님은 오랫동안 경전을 공부하셨고, 또 참선도 해서 체험도 깊으니 교教와 선禪을 두루 한 그런 깊이가 나왔다. 상주 남장사 강원에서 혼해 스님에게 독강으로 사교를 배울 때 아랫반에 지금 공주 학림사 대원 스님과 구미 금강사 정우 스님이 후배로 들어와서 사집四集을 보았다.

『화엄경』을 배우러 명봉사로 가다

1965년에 혼해 스님의 유일한 상좌였던 해인사 송월淞月 스님이 예천 명봉사 주지가 되자 혼해 스님도 명봉사로 가셨다. 혼해 스님 밑에서 강원 사교과 공부를 마친 고우 스님은 대교과 『화엄경』 공부를 하려고 혼해 스님을 따라갔다. 당시에는 절 살림도 어려웠지만, 경전 구하기는 더 어려웠다. 특히 『화엄경』은 60권, 80권이니 더 귀했다. 혼해 스님은 경을 구해놓으라 하시고는 출타를 하셨다. 고우 스님은 『화엄경』을 구하기 위해 여기저기 수소문을 하다 마침 가까운 대승사에 『화엄경』이 있어 경을 가져와 한 달이나 기다렸는데도 혼해 스님이 오지 않았다.

그때 고우 스님은 『금강경』을 공부한 뒤라 참선을 해보고 싶은 발심發心이 나서 선원으로 갈까 계속 기다려야 하나 고민하다가 결국 참선하고 싶은 마음에 명봉사를 떠나 향곡 스님이 계시는 기장 묘관음사 선방으로 갔다.

그 뒤에 혼해 스님이 범어사 강사로 가시면서 선원에 있는 고우 스님한테 범어사로 오라고 편지를 했지만, 이미 화두 참선에 발심해서 공부하고 있었기에 다시 돌아가지 않고 평생 선의 길을 갔다.

묘관음사 선원에서 참선을 시작하다

선지식으로 모신 향곡 스님

1965년, 고우 스님은 기장 묘관음사 선원으로 가서 참선을 시작한다. 당시에는 제방 산중에 선지식들이 많았다. 그중에서도 망월사 춘성 스님, 통도사 극락암 경봉 스님, 기장 묘관음사 향곡 스님이 산중 3대 선지식으로 일컬어지며 참선 수행자들을 제접하고 있었다. 성철 스님이 파계사 성전암에서 10년 동안 동구불출洞口不出 정진을 막 마치고 문경 김룡사로 갈 때였다. 고우 스님은 『금강경』 공부를 하며 참선에 발심하였고, 참선 수행에서 선지식의 중요성을 알고 있었다. 그래서 당시 남방 도인으로 불리던 향곡 스님을 찾아 기장 묘관음사 선원으로 간 것이다.

향곡香谷(1912~1978) 스님은 1912년 경북 영일에서 태어나 16세에 천성산 내원사로 출가하였다. 이후 23세에 범어사 원효암에서 당대의 대선지식 운봉雲峰(1889~1947) 선사를 만나 10년 동안 시봉하였다. 운봉 선사는 근세 한국불교의 중흥조라 불리는 경허 스님의 전법 제자 혜월慧月(1862~1937) 스님에게 전법 인가받은 대선지식이다.

향곡 스님은 양산 내원사에서 운봉 스님을 모시고 치열하게 참선하던 어느 가을날, 산골짜기 돌풍이 절 문짝을 때리는 찰나, 가슴에 걸려 있던 화두 공안이 타파되어 마음이 환하게 밝아지는 체험을 하고는 조실채로 운봉 선사를 찾아갔다. 운봉 선사가 옆에 있던 목침을 앞에 내놓으며 "목침을 목침이라 하지 말고 일러라." 하자 향곡 스님은 목침을 발로 차버렸다. 선사가 다시 말씀하셨다. "그것은 그만두고, 다시 일러라." 이에 향곡 스님이 "천 마디, 만 마디 말이 다 꿈속에서 꿈을 설함입니다. 모든 불조佛祖가 나를 속인 것입니다." 하니, 운봉 선사가 크게 기뻐하며 향곡香谷이라는 법호와 전법게를 지어주었다. 이때가 1941년 8월이다.

향곡 스님은 29세에 운봉 선사로부터 인가를 받았는데, 그 법맥은 고려시대에 임제종 석옥청공 선사의 법맥을 이어온 태고보우 국사에서 근세 경허 – 혜월 선사의 임제 정맥을 이은 것이다.

1947년 봉암사 결사와 향곡 스님의 확철대오

향곡 스님의 스승 운봉 선사는 1943년에 당시 부산 동래의 윤금륜월 보살이 시주한 기장 해변 임야 3만 평에 선원을 세우니, 이것이 묘관음사다. 창건주 윤금륜월 보살은 독실한 불자로 운봉 스님의 법문을 듣고 참선 수행을 했으며, 향곡 스님과 성철 스님, 그리고 진제 스님을 시봉한 대공덕주였다. 조실로 계시던 운봉 선사가 입적하시자 향곡 스님이 묘관음사에 주석하게 되었다.

1947년 가을에 성철 스님으로부터 "부처님 법대로 살아보자!"며 봉암사 결사에 동참하라는 연락이 왔다. 향곡 스님과 성철 스님은 임자(1912)생 동갑으로, 1939년 팔공산 운부암 선원에서 처음 만나 함께 정진한 이래 향곡 스님이

1978년에 입적할 때까지 평생 각별하게 지낸 도반이다. 향곡 스님이 봉암사에 가니 성철·청담·자운·월산·보문 스님 같은 당대의 기라성 같은 수좌들이 함께 공주규약共住規約을 정해서 참다운 정진을 하고 있었다.

봉암사 결사는 광복 직후인 1947년 비록 소수의 선승들이 시작했지만, 그 영향력은 현대 한국불교사에서 획기적인 전환을 이룰 만큼 크나큰 것이었다. 당시에는 일제 식민지 정책의 유산으로 처자식을 거느린 대처승들이 교단과 사찰 운영을 주도하며, 참선 수행과 전법보다는 가족 부양과 먹고사는 일에 급급하여 참선하는 선승들은 뒷방으로 밀려나 있었다. 그런 시대에 성철·청담·자운·보문 스님 같은 분들이 "부처님 법대로 살자!"는 기치 아래 참선 수행으로 한국불교를 바로 세우고자 봉암사에서 결사운동을 일으킨 것이다. 향곡 스님은 이미 스승에게 인가까지 받았지만, 봉암사에서 도반들이 좋은 뜻으로 함께 모여 정진하자고 부르자 동참했다.

봉암사에서 치열하게 정진하던 어느 날 성철 스님이 향곡 스님에게 물었다.

"죽은 사람을 완전히 죽여야 바야흐로 산 사람을 볼 것이요, 죽은 사람을 완전히 살려야 바야흐로 죽은 사람을 볼 것이라는 말이 있는데, 그 뜻이 무엇인지 알겠는가?"

향곡 스님은 이 말에 꽉 막혀 삼칠일 동안 밥 먹는 것도 잠자는 것도 잊고 앉으나 서나 자나 깨나 한결같이 참구하던 중, 문 앞을 지나다 당신의 양손을 보고는 홀연히 확철대오하고 오도송을 읊었다. 이로부터 천하 조사들의 말에 막힘이 없었고, 인연 따라 자유롭게 노닐게 되었다.

1949년이 되자 백두대간의 중심에 있는 문경 희양산 봉암사에도 빨치산이 자주 출몰하였다. 성철 스님과 향곡 스님은 조만간 전쟁이 터질 것을 짐작하고는 결사를 이어갈 피난 도량을 물색하려고 남쪽 기장 묘관음사로 갔다. 묘관음사에서도 향곡 스님과 성철 스님은 치열한 정진과 탁마를 이어갔다고 한다.

지금도 묘관음사에 탁마정이라는 우물이 있는데, 두 선지식은 법담을 나누다 바로 답하지 못하면 서로 멱살을 움켜잡고는 이 우물에 집어넣거나, 절 옆 임랑 해변으로 끌고 가서 바닷물에 밀어 넣을 정도로 치열하게 탁마하였다.

묘관음사는 이렇듯 향곡 스님이 주석하고 성철 스님이 와서 정진하면서 도량에 정진의 기운이 활짝 열렸다. 이후 정말로 전쟁이 나자 남쪽으로 피난 온 선승들이 한 철씩 정진하여 묘관음사는 현대 한국불교에서 유명한 수행처가 되었다.

향곡 스님에게 화두를 받다

고우 스님은 1965년에 묘관음사 길상선원으로 가서 조실 향곡 스님께 인사를 드렸다. 향곡 스님이 물었다.

"강원 공부는 했느냐?"

"고봉 · 관응 · 혼해 스님께 사교 『금강경』까지 보고 대교과 『화엄경』 공부를 못 하고 참선하고 싶어 선방에 왔습니다."

"그래. 그러면 화두는 '마음도 아니고, 한 물건도 아니고, 부처도 아닌 이것이 무엇인가?' '이 뭣고?' 화두를 들거라. 그동안 강원에서 '일체유심조'라 하여 마음도 배웠고, 마음이 부처라 하여 부처도 배웠을 거고, 한 물건이라는 것도 배웠겠지만, 그거 다 아니다. 이걸 화두로 의심해서 참선 열심히 하거라."

이렇게 하여 고우 스님은 "마음도 아니고, 한 물건도 아니고, 부처도 아닌 이것이 무엇인가?" 하는 화두를 참구하기 시작한다. 성철 스님도 1967년 해인총림 동안거에서 '백일법문'을 하실 때 대중들에게 이 화두를 준 것을 뒤에 알게 되었다. 향곡, 성철 두 선지식은 당시에 참선 수행자들에게 같은 화두를 준 모양이다.

묘관음사 길상선원의 첫 안거 정진

고우 스님은 묘관음사 길상선원의 향곡 스님 밑에서 5년 동안 5철 안거 정진을 한다. 스님은 엄하신 향곡 스님의 묘관음사 선방에서 첫 안거 90일 동안 하루 14시간씩 좌선하며 정진하였는데, 첫 안거를 하루 14시간 가행정진으로 시작하니 그 뒤부터는 어느 선방에 가서 몇 시간을 앉더라도 정진에는 자신이 생겨 두려운 마음이 없어졌다고 한다. 첫 안거에서 14시간이나 좌선하며 정진력을 키운 것이 평생 참선 공부에 큰 힘이 된 것이다.

또 당시에는 어느 선원이나 마찬가지였지만, 묘관음사도 선방이나 방사가 부족하여 조실스님이나 비구 수좌들과 재가 보살들이 한 선방에서 좌선 정진하였다. 비구니 수좌들도 있었는데 선방에서 좀 떨어진 별채 토굴에서 따로 정진하였다. 이처럼 어려운 수행 환경을 경험하고 수용하게 되니, 이후 더 어려운 곳에서 공부하더라도 장애가 되지 않았다.

향곡 스님은 공부에는 매우 엄하셨다. 결제 중 초하루, 보름에는 법당에서 상당법문을 하셨고, 공양 때나 어디 출타하셨다 돌아오시면 한 말씀 하시는 소참법문도 자주 하셨다.

그렇게 고우 스님은 묘관음사에서 당대의 선지식 향곡 스님 문하에서 첫 안거를 지내며 화두 참선의 정진력을 키워갔다.

향곡 스님의 선 법문과 고우 스님의 화두

향곡 스님의 선 법문

향곡 스님은 상당법문을 잘하셨는데, 그 방식이 좀 거칠었다고 한다. 법문하시다 "할!" 하고 고함지르거나, 주장자를 던지기까지 하셨다. 임제 스님도 '할喝'을 하셨고, 덕산 스님은 '방棒'이라 하여 몽둥이질까지 하셨으니 향곡 스님이 주장자를 치거나 던지는 법문은 선 법문 전통을 그대로 이으신 것이다. 법문 내용도 조사들의 전형적인 법문이었다. 도반 성철 스님께서는 고준한 상당법문을 주로 하시면서 '백일법문' 같은 방편 설법도 하셨는데, 향곡 스님은 방편은 일체 배제하고 오직 법만 설하셨다.

"누구든지 홀연히 활연대오豁然大悟 하면 대법안大法眼을 얻고 천하 노화상의 무궁무진한 법문이 자기 살림이 되어 자유자재하리라. 할!"

"부처님께 공양하는 것이 무심도인無心道人에게 공양하는 것만 못하다. 이런 법문은 본분종사의 눈을 갖춘 이라야 비로소 바로 볼 수가 있다."

이와 같이 향곡 스님은 현대 선사로는 드물게 본래 성불의 선 법문만 하셨다.

부처님의 설법은 흔히 방편설이라 하여 달을 가리키는 손가락, 강을 건너는 뗏목에 비유한다. 그러나 선禪 법문은 손가락인 방편은 배제하고 오직 달, 법, 즉 깨달음 세계만을 드러내는 것이다.

이것은 참으로 미묘하고 어려워 불교 교리를 깊이 공부한 이도 알기 어려운 법문이다. 고우 스님도 강원에서 경전과 선어록 공부를 하고 갔지만 향곡 스님의 선 법문을 알지 못하여 "부처님에게 공양하는 것보다 도인에게 공양하는 것이 더 낫다."는 말씀을 듣고는 '노장께서 당신한테 공양 잘하라고 하시는 건가?' 하고 오해하기도 했다. 그러나 뒷날 스님이 선에 대한 안목이 열리니 향곡 스님이 참으로 고준한 선 법문을 하셨다는 것을 알게 되었다.

노년에 고우 스님은 향곡 스님의 법문을 회고하시며 지금은 이런 선 법문을 하시는 분이 없어 아쉽다고 하셨다.

고우 스님의 화두와 화두선의 가치

"마음도 아니고, 한 물건도 아니고, 부처도 아닌 이것이 무엇이냐?"

갓 선원에 온 고우 스님에게 향곡 스님은 이 화두를 주셨다.

이 화두는 선禪을 천하에 알린 제일 공로자인 마조(709~788) 스님의 제자 남전(748~834) 스님과 백장(749~814) 스님 사이의 문답에서 유래하였다. 선종 제일서라는 『벽암록』 제28칙에 이 화두가 실려 있다.

백장 스님이 남전 스님에게 물었다. "부처님이 중생을 위해서 말하지 않고 간 진리가 있습니까? 있다면 무엇인가요?" 하니, 남전 스님이 "마음도 아니고, 부처도 아니고, 한 물건도 아닙니다."라고 했는데 이것을 화두로 준 것이다.

이 화두는 고우 스님이 강원에서 공부한 불교 이론을

한마디로 부정한 것이나 다름없었다. 부처님 말씀이나 불교 교리는 다 옳다거나 그르다는 양변에서 분별심으로 공부하는 것이지만, 화두는 그런 분별심을 끊고 삼매를 체험하여 깨달음을 이루는 공부다.

고우 스님은 29세에 처음 화두를 받고 평생 화두 참선을 하셨다. 중간에 잠깐 화두에 대한 정견과 믿음이 부족하여 화두를 바꾸기도 하고, 조사선 초기 회광반조回光返照 공부를 하기도 했다. 회광반조란 보고 듣고 하는 마음자리를 돌이켜 본래성불 사리를 밝히는 공부다. 하지만 여러 수행 체험 끝에 결국 화두 참선법인 간화선이 최상승이라고 확신하게 되었다.

2012년에 불교인재원이 성철 스님 탄신 100주년을 기념하여 '『백일법문』 대강좌'를 열었을 때 고우 스님은 화두선에 대하여 다음과 같이 말씀하였다.

"불교에 대한 정견正見을 세우고 한다면 어떤 수행법이라도 다 좋습니다. 꼭 화두 참선이 아니라도 염불, 간경, 위빠사나, 봉사, 보시, 지계 등 불교 수행이면 다 좋습니다. 그러나 화두 공부가 가장 빠르다는 특색이 있어요. 이것은 우리가 본래 부처이니 중생이라는 착각만 깨면 바로 부처로 돌아가는 공부입니다.

화두에 믿음이 가면 화두 참선이 가장 쉽고 빠르고 편리한 공부입니다. 시간과 공간이라는 제약 없이 언제 어디서나 공부할 수 있으니 아주 좋습니다. 가령 경전 공부는 경전이 있어야 하는데 화두는 아무것이 없어도 집이나 직장이나 길에서도 할 수 있다는 장점이 있지요. 다만 한 가지 문제가 화두에 대한 믿음이 나야 화두 공부가 된다는 겁니다. 화두가 무엇이고, 화두를 통해서 분별망상을 타파하여 깨달음을 성취할 수 있다는 믿음이 서야 공부가 쉽고 빠릅니다.

또 화두에 대하여 의심이 나야 합니다. 화두 의심이 간절할수록 공부가 잘되고 빠릅니다. 그런데 이것이 쉽지 않아요. 그래서 불교를 바르게 공부하여 정견을 세우고 수행을 해야 합니다. 불교가 무엇이고, 화두가 무엇인지 바른 안목을 갖추고 참선을 해야 해요. 그러면 화두 참선만큼 공부가 쉽고 빠르고 효과적인 것이 없습니다. 앞으로 세계적으로 이 화두선이 주목받을 것입니다."

고우 스님께서 평생 화두 참선을 한 끝에 도달한 간명한 결론이었다.

1966년 설악산 백담사에서 하안거를 나다

기장 묘관음사에서 첫 안거를 잘 마친 고우 스님은 1966년 봄에 오대산 상원사로 갔다. 용주사 학인 때 월정사 정화를 도우러 처음 가본 오대산에서 한 철 정진하고 싶은 마음에서였다. 그런데 뜻밖에 상원사 원주 스님이 양식이 없다며 방부를 받아주지 않았다. 이때 상원사 선원에 지객으로 있던 법화[4] 스님과 법연[5] 스님을 처음 만났다.

방부를 거절당한 고우 스님은 지객 법화 스님 방에서 같이 자고 다음 날 상원사를 떠나려는데 법화 스님도 같이 가겠다고 나섰다. 이렇게 도반이 된 두 스님이 양양 낙산사로 가니 상원사 동안거 때 입승을 한 현봉 스님이 홍련암에서 기도 중이었다. 세 스님은 서로 뜻이 맞아 신흥사로 가서 설악산을 넘어 오세암을 거쳐 백담사로 갔다.

---

4 법화 스님은 훗날 고우 스님과 함께 봉암사 제2결사에 참여한 6비구 중 한 분이다.

5 법연 스님은 훗날 고우 스님과 함께 봉암사 제2결사에 참여한 6비구 중 한 분으로 지금도 봉암사에 주석하고 있다. 봉암사 제2결사에 참여한 스님 중에서 유일하게 봉암사를 떠나지 않고 지금까지 정진하고 있는 분이다.

백담사는 지금에야 대찰이 되었지만 당시에는 법당과 요사 두어 채밖에 없었다. 당시 주지는 대처승이었는데, 수좌 셋이 오자 대중방을 내어주었다. 세 스님은 이렇게 백담사에서 며칠 있게 되었는데, 설악산 기운이 청량하고 수행하기 좋아 여름 안거 동안 백담사에서 정진하기로 했다. 다행히 주지가 양식은 대주었다. 새벽에 일어나 3시에 예불 모시고, 입선 죽비를 친 다음 정진을 시작하여 밤 9시에 방선 죽비를 치고 잠을 자는 일과로 여름 90일간의 안거 정진을 잘 마쳤다.

오세암을 복원하려다 장애를 만나다

30세에 백담사에서 하안거를 지낸 고우 스님은 설악산이 좋았다. 함께 안거 정진한 현봉 스님이나 법화 스님도 설악산에서 더 정진하고 싶어 했다. 직지사 수계 도반인 도윤 스님도 설악산에서 다시 만났다. 네 분은 오세암에 선원을 복원해서 같이 정진하자고 뜻을 모았다.

오세암은 근세 만해 스님이 참선하다 오도한 빼어난 수행처였으나 당시에는 폐허가 되어 있었다. 현봉 스님은 이름 높은 수좌였던 석암 스님의 상좌로 은사가 계신 부산으로 화주를 하러 갔다. 그사이 고우 스님과 법화 스님은 마을 사람들에게 오세암 복원 불사에 기둥이 될 나무 몇 개를 잘라놓게 했다.

그런데 어느 날 중년 남자들이 백담사에 놀러 와서는 법당 앞에서 담배를 피웠다. 이때 객으로 온 한 스님이 그것을 보고 뭐라고 야단을 치자 서로 시비가 붙었다. 알고 보니 그 남자는 신문 기자였다. 이 기자는 그 일로 백담사 주변을 탐문하여 신문에 "스님들이 국유림을 도벌했다."는 기사를 냈다. 당시에는 정부의 산림 정책이 엄격하여 나무 한 그루라도 손을 대면 큰 처벌을 받는 때였다.

이 일로 형사들이 백담사에 들이닥쳤다. 고우 스님이 사태를 파악하고는 당시 군에 가지 않았던 법화 스님을 몰래 불러 "지금 경찰이 왔으니 즉시 도망가되, 부산의 현봉 스님을 찾아가서 백담사로 오지 말라 해라. 나는 여기 남아서 수습하겠다."고 말했다. 법화 스님은 재빨리 설악산을 넘어 도망을 갔다.

혼자 남은 고우 스님은 경찰서에 몇 번이나 불려 다니며 고초를 겪었다. 하지만 당신은 잘 모르는 일이고, 부산으로 간 현봉 스님이 오세암을 복원하려는 좋은 뜻으로 한 일이니 선처해달라고 부탁하여 겨우 사태를 수습했다. 하지만 이 일로 오세암 복원 불사는 유야무야되었고 고우 스님은 정진하러 기장 묘관음사 선원으로 갔다.

30대에 만난 선지식
지월 스님과 서암 스님

다시 묘관음사에서 정진하다

당시 묘관음사에는 참선하려는 이들이 많았으나 선방이 좁아 비구승들은 보살님들과 큰방에서 정진하고 비구니 스님들은 토굴에서 따로 정진을 했다. 그러다 납월 팔일臘月八日(음력 12월 8일 부처님이 깨친 성도절)에는 용맹정진을 했는데, 그때는 큰방에서 비구·비구니·보살 들이 함께 중좌中坐까지 치고 앉아 철야 정진을 했다. 가난하고 어려운 환경이었지만 공부에 대한 열기는 대단했다.

그때 묘관음사에는 혜암 스님, 진제 스님, 활안 스님, 기성 스님, 현기 스님 등이 같이 정진했다. 혜암慧庵(1920

~2001) 스님은 "공부하다 죽어라!" 하는 말씀처럼 오직 공부만 생각했다. 훗날 해인사 원당암에서 재가 선원을 열어 선풍을 일으켰고, 해인총림 방장과 조계종 종정에 추대된 구참수좌久參首座였다.

활안活眼(1926~2019) 스님은 뒷날 송광사 천자암에 주석하였고 종단 원로의원에 추대된 분으로, 역시 구참수좌였다. 고우 스님과는 김천 수도암 행자 시절부터 인연이 있어 여러 철 안거를 같이 보내며 각별하게 지냈다. 수도암에서 안거를 날 때 활안 스님이 입승을 맡아 죽비를 잡았다.

지금 지리산 상무주암에 주석하는 현기 스님도 같이 있었는데, 향곡 스님 상좌라서 묘관음사 원주나 공양주를 하면서 선방에서 정진하였다. 현기 스님은 일하는 것도 좋아해서 농사일을 잘했고, 쌀 한 가마니를 가볍게 들 만큼 기운도 장사였다.

비구니 수좌 중에는 훗날 '생불生佛'이라 존경받았던 경주 흥륜사 선원 혜해慧海(1921~2020) 스님이 향곡 스님을 따르며 정진을 열심히 잘했다. 향곡 스님은 법문하실 때 "혜해가 눈이 반쯤 열렸다." 하시며 혜해 스님 공부를 칭찬하고 격려해주었다.

고우 스님은 묘관음사 선원에서 문서 수발과 기록을 담당하는 서기書記 소임을 봤다. 향곡 조실스님은 편지를 쓰거나 기록을 남길 때 서기인 고우 스님을 불러 쓰게 하였다. 고우 스님은 강원을 나와 한문을 이해하고 글씨도 반듯해서 조실스님이 좋아하셨다.

그렇지만 향곡 조실스님에 대한 아쉬운 점도 없지 않았다. 향곡 스님은 전법傳法 인가받은 도인으로 고준한 선 법문을 잘하셨지만 너무 엄하시고 어려웠다. 하루는 선원 대중이 울력으로 선방에 도배를 한 적이 있다. 출타하셨던 조실스님이 돌아와서는 촛불을 가져다 도배한 것을 비추며 자세히 살펴보시더니 도배지 무늬가 약간 어긋난 것을 발견하시고는 뜯어내고 다시 하라 했다. 당시 고우 스님은 그런 조실스님의 모습을 이해하기 어려웠다고 회고했다.

수행자의 자세를 가르쳐준
지월 스님

묘관음사에서 정진할 때 '하심下心 도인'이라 불리던 해인사 지월指月(1911~1973) 스님이 오셨다. 지월 스님은 오대산 월정사 지암 스님을 은사로 출가하여 한암 스님께 공부한 뒤 전쟁 때 피난하여 해인사에서 정진한 수좌였다. 지월 스님은 후배 스님은 물론 신도와 행자도 존중하여 도량에서 지나가다 만나도 먼저 허리를 숙여 합장하고 항상 존댓말로 대하신 하심 도인이었다.

고우 스님은 지월 스님의 명성을 익히 들어서 알고 있던 터라 존경하는 마음으로 지월 스님께 인사드리니, “향곡 스님처럼 복수용福受用 하지 말라.”고 하셨다. ‘복수용’의 뜻을 몰라 다시 여쭈니, “출가 수행자가 대중과 달리 특별하고 값진 것들을 사용하면 안 된다.”고 하셨다. 늘 공심公心으로 승가 공동체 정신으로 살라는 지월 스님의 이 말씀이 고우 스님 가슴에 깊이 와닿았다. 고우 스님은 이때부터 부처님 가르침대로 사람을 대할 때 존중하는 마음을 갖고 언행일치 정신으로 살고자 했으며, 그것이 평생 출가 수행자로서의 지침이 되었다.

문경 운달산 김룡사와 금선대에 가다

1966년 가을에서 1967년 봄 사이 어느 때에 고우 스님은 문경 운달산 김룡사 금선대로 갔다. 사형처럼 따르던 지유 스님(훗날 범어사 금정총림 방장을 지냈다)과 함께 서암西庵[6]스님을 만나기 위해서였다.

그때 성철 스님은 김룡사에 계시다가 막 해인사 백련암으로 가셨을 때라 만나지 못했다. 성철 스님은 팔공산 성전암에서 10년 동구불출을 끝내고 1965년 4월에 운달산 김룡사로 와서 첫 대중 설법인 운달산 법문(제1차 백일법문이라고도 한다)을 했다. 또 찾아온 수좌들과 불자 대학생들에게 3천배와 용맹정진을 시키며 참선을 지도했는데, 김룡사 도량이 좁아서 봉암사로 가 결사를 계속 이어가려고 했다. 그때 마침 해인사 자운 스님과 영암 스님이 해인사로 청하여 1966년 10월에 해인사 백련암으로 간 뒤였다.

---

6 서암(1917~2003) 스님은 고우 스님에게 가장 많은 영향을 준 선지식 중 한 분이다. 성철 스님이 열반하신 뒤 조계종 종정에 추대되었다. 서암 스님은 예천 서악사에서 출가하여 1938년 문경 김룡사 강원을 수료하고 일본으로 유학 갔다. 일본 대학 종교학과에서 공부하다가 1940년에 폐결핵 말기라는 진단을 받자 중퇴하고 귀국하였다. 1942년 김룡사 선원에서 참선을 시작한 이래 제방 선원에서 정진하던 중 병에서 회복되었다. 일제 말기에는 문경 대승사 선원에서 청담·성철 스님과 정진하다 해방을 맞았다. 1945년 광복 뒤에는 예천포교당에서 불교청년운동을 했으며, 1946년 계룡산 나한굴에서 용맹정진하여 본무생사本無生死의 도리를 깨달으니 당시 나이 30세였다. 전쟁이 나고 1952년부터 문경 청화산 원적사로 가서 수행하다가 종단 정화운동에 참여하여 경북 종무원장을 지냈다. 이후에도 본분사에 정진하여 1966년에는 도반인 정영 스님이 도봉산 천축사에 무문관無門關을 세우자 부처님의 6년 고행 수도를 따라 '무문관 6년 결사'에 동참하였다가 운달산 금선대로 와 계셨다.

고우 스님이 서암 스님을 찾아가 처음 만난 운달산 김룡사 금선대金仙臺[7]는 김룡사 큰절에서 한 시간여 가파른 산길을 올라가야 하는 높은 곳의 암자로, 신라시대에 세워진 유서 깊은 수행처였다. 서암 스님이 도반인 정영 스님의 무문관 정진에 동참하고 나서 금선대에 계신다는 소식을 듣고 찾아갔던 것이다.

당시 고우 스님이 30세, 서암 스님은 50세였다. 서암 스님이 스무 살 위였지만 두 분은 공통점이 참 많았다. 폐병으로 죽을 고비를 넘긴 것도 같았고, 일본에서 생활한 경험도 그랬다. 그렇게 금선대에서 서암 스님을 만난 이래 고우 스님은 서암 스님을 은사처럼 모시고 따랐다.

생활 속에서 수행하신 서암 스님

서암 스님은 언행이 일치하는 선지식이었다. 현대교육

---

7 금선대는 문경 운달산 높은 곳에 위치해 있으며, 동남향으로 시원한 전망을 가진 빼어난 수행처로 수많은 수행자들이 거쳐 간 곳이다. 현대에는 조계종 종정에 추대된 서옹·성철·서암·법전 스님이 수행하였다.

을 받아 언어 감각이 현대적이었고, 생활에서 수행하며 생활법문을 주로 하셨는데 그것도 고우 스님에게 많은 영향을 주었다. 서암 스님은 따로 법문을 하지 않고 농사짓고, 밥하고, 바느질하면서 하는 공부를 가르쳤다. 한 마디로 이신작칙以身作則하였다. 생활에서 공부하는 법을 말이 아니라 몸소 행으로 보여준 것이다.

훗날 고우 스님은, 서암 스님이 행한 것처럼 생활에서 공부하는 가풍이 사라져 아쉽다며 이것을 되살려야 한다고 자주 말씀하셨다.

서암 스님은 밥하고 반찬 만드는 일을 그렇게 잘하셨다. 그땐 불을 때서 밥을 지을 때이니 밥을 잘못하면 먹지 못했다. 고우 스님이 밥을 잘 못하니 당신이 밥 짓는 전문가라며 손수 밥을 하셨다. 아마도 일본으로 유학 가서 혼자 자취생활을 많이 하셔서 그런 것 같았다. 또 평소 농담도 잘하시어 늘 재미있고 유쾌했다. 서암 스님은 나이 차이가 스무 살이나 나는 고우 스님에게도 하대하지 않았다. 고우 스님은 그런 서암 스님의 모든 것이 좋았고 인간적으로 가깝게 느껴져 은사처럼 따랐다고 한다.

그때부터 고우 스님은 안거 때에는 묘관음사 선방에서 결제 정진하고 산철이 되면 금선대로 와서 서암 스님을 모시고 정진하였다. 어디든 따라가며 그렇게 서로 많이 의지하며 살았다고 노년에 회고하셨다. 그래서 다른 스님들은 고우 스님이 서암 스님 상좌인 줄 알았다. 그렇지만 고우 스님은 스승과 상좌 이상의 관계였다고 말씀하셨다.

봉정암 참회 기도와
성철 스님과의 인연

운달산 금선대
선지식들

성철 스님은 1965년 김룡사에서 주석하며 처음으로 대중 설법을 시작하여 선풍을 크게 일으켰다. 그러자 봉암사 결사 도반이었던 자운 스님이 해인사로 청하여 1966년 가을에 해인사로 가셨다. 그 뒤 서옹 스님이 김룡사 주지를 맡게 되었는데 그때 서옹 스님을 은사로 출가한 대효 스님도 김룡사에서 행자 생활을 하며 공양주를 살았다. 서옹 스님은 김룡사 주지를 맡고 있었지만, 도봉산 천축사 무문관에서 정진하였다. 대효 스님은 큰절보다 금선대에 수좌들이 오가며 정진하는 모습이 좋아 자주 금선대에 올라와 서암 스님의 법문도 듣고 정진을 같이 하게 되었다.

서암 스님은 따로 법회와 같은 격식의 법문은 하지 않았지만 밥 먹고 설거지하고 일하는 일과 중에 차를 마시며 한 말씀 하시는 것이 그대로 살아 있는 법문이었다. 그야말로 생활과 수행이 하나인 조사선이었다. 그때 젊은 수좌 고우 스님이나 행자 대효 스님은 서암 스님이라는 선지식을 통해서 불교와 선에 대한 새로운 안목이 열렸고 신심도 확고해졌다.

고우 스님의 봉정암 참회 기도

고우 스님은 우리나라의 수많은 명산 중에 유달리 설악산을 좋아했다. 한반도에 최초로 선禪을 전하여 대한불교 조계종의 종조로 모셔진 도의道義 조사가 30년 당나라 구도행 끝에 귀국하여 주석한 곳이 설악산(진전사)이니 설악산은 선의 성지이기도 하다.

고우 스님은 첫 안거를 묘관음사에서 정진하고 봄에 설악산 구경을 갔다가 백담사에서 여름 안거를 지내면서 청량한 설악산 기운에 매료되어 더 좋아하게 되었다. 스님은 도반들과 오세암을 복원해서 선원을 세우려 했지만 시절인연이 되지 않았다. 그 뒤에 직지사 사미계 수계 도반인 도윤(1931~2018) 스님이 설악산을 자주 오가며 오세암과 봉정암을 복원하기 위해 애쓰고 있다는 소식을 듣고 다시 설악산으로 갔다.

설악산 봉정암은 삼국시대인 643년 신라의 자장(590~658) 율사가 당나라에 유학한 뒤 부처님 진신사리를 모시고 와서 조성한 5대 적멸보궁 중 하나로, 우리나라에서 가장 높은 곳에 위치한 데다 자연풍광이 수려해 천혜의 도량으로 손꼽히며 수많은 불자들의 참배 기도가 끊이지 않는 곳이다. 1950년 전쟁 때 진신사리를 모신 탑만 남고 전각은 전소되고 말았다.

도윤 스님은 이를 안타깝게 여겨 오세암에 초막을 짓고 낮에는 산에서 약초 캐고 농사를 짓고, 밤에는 참선하는 주경야선晝耕夜禪을 하며 혼자서 오세암과 봉정암 복원 불사를 시작했다. 또 백담사 주지를 맡았을 때는 설악산 골짜기의 화전민들과도 잘 어울렸고, 그분들의 어려운 처지를 살피고 여러모로 도와주었는데 그것이 불사에 큰 힘이 되었다.

고우 스님이 도윤 스님을 찾아 봉정암에 갔을 때 도윤 스님은 전쟁 때 설악산 일대에서 죽은 군인들의 유해 수백 구를 화전민들과 수습하여 천도재를 지내고 있었다. 스님도 도윤 스님을 도와 천도재에 동참하여 전란으로 비운에 간 무주고혼들의 극락왕생을 기도하였다.

봉정암에서 천도재를 마치자 도윤 스님은 동안거 동안 지낼 양식을 마련하러 산을 내려갔다 올 테니 고우 스님에게 절을 지켜달라고 하면서, 만약 결제 때까지 돌아오지 않으면 결제하러 떠나라고 하였다.

그렇게 하여 고우 스님은 늦가을 설악산 봉정암에서 혼자 보름 동안 절을 지키며 기도를 하게 되었다. 봉정암에서 혼자 조석으로 예불하면서 기도하던 중 가족을 위해 고생만 하다 일찍 돌아가신 어머니 생각에 회한의 눈물이 저절로 났다. 스님은 철없던 시절 어머니의 고생을 알지 못하고 세상에 대한 원망을 끌어모아 어머니를 더 힘들게 해드렸다는 생각에 너무나 죄송스러워 기도하는 일주일 내내 눈물을 흘렸다.

폐병을 얻은 것도 결국 어머니를 못 놓고 세상을 원망

하고 비관하여 부정적으로 바라본 그 편견이 병을 만들었다는 것도 알게 되었다. 그렇게 하여 불치병을 만나 세상을 더 비관하다 죽으려는 심정으로 산속 깊은 절에 들어오게 된 것이다. 다행히 운 좋게도 불교를 만나 부처님 지혜로 마음을 밝혀 보니 스스로 만든 편협한 사고가 병의 원인이란 것을 알게 되어 병이 저절로 나았던 것이다.

고우 스님은 봉정암에서 기도하는 7일 내내 어머니에 대한 참회와 부처님 법을 만난 고마움에 회한과 감동의 눈물을 흘렸다고 회고하였다.

고우 스님이 봉정암에서 7일 동안 혼자 참회 기도를 마치고 며칠을 더 기다렸으나 도윤 스님은 오지 않았다. 동안거 결제가 임박하였기에 스님은 설악산을 내려와 기장 묘관음사 선원으로 찾아가 결제 방부를 들였다. 그해 동안거 공부가 정말로 순일하게 잘되었다고 고우 스님은 회고하였다.

해인사에서 처음으로 성철 스님 법문을 듣다

고우 스님이 출가한 이듬해인 1962년 비구·대처 통합 대한불교조계종이 출범하였고, 이후 전국 사찰은 정화의 후유증을 앓았다. 대처승들을 내보내고 절 운영을 맡은 비구승들도 사찰 운영에 서툴렀다. 또 종단의 주요 소임이나 주요 사찰을 누가 맡느냐 하는 문제로 문중 간, 개인 간에 서로 갈등하는 모습도 보였다.

전국 사찰의 어수선한 상황에서 선승들은 선풍 진작과 선원 수좌들의 단합을 통한 정진 분위기를 형성하기 위해 1967년 봄에 팔공산 동화사에서 선림회禪林會를 창립하고 초대 회장으로 석암 스님을 추대했다. 선림회는 선풍 진작, 해인사 등 주요 사찰에 총림 설치할 것 등을 총무원에 건의하였다.

이에 따라 7월에 해인사에서 조계종 중앙종회가 열려 정화 이후 처음으로 해인사에 해인총림 설치가 결의되었고, 초대 방장에 파격적으로 50대의 성철 스님이 추대되었다. 종단이 수행 종풍의 본래 모습을 찾아가기 시작한 것이었다.

그해 10월에 선림회 총회가 해인사에서 열려 80명의 수좌들이 모였다. 그 자리에 고우 스님도 있었고, 설악산 백담사 도반 법화 스님도 동참했다. 선림회 수좌들이 80명이나 해인총림에 모이자 방장 성철 스님이 법문을 해주셨다.

그때 고우 스님은 처음으로 성철 스님 법문을 들었다. 법문은 확철대오의 깨달음을 강조하는 내용으로, 수좌들에게 화두 참선이 생명이니 정진할 때는 책도 보지 말고 오직 화두만 일념이 되게 하라 하셨다. 성철 스님이 그렇게 법문하자, 맨 앞 어간에 앉아 계시던 향곡 스님이 갑자기 "저 위 백련암에 있는 책 다 불살라버려야겠네!" 하고 툭 던지셨다. 그 말이 떨어지자마자 성철 스님은 조금도 당황하지 않고 "연꽃은 더러운 물에 있어도 그 물에 젖지 않아!" 하고 되받아쳤다.

수좌들에게 책 보지 말라 하면서 성철 스님은 왜 그렇게 많은 책을 가지고 있느냐고 힐난한 것인데, 성철 스님은 나는 아무리 책을 많이 봐도 거기에 집착하지 않는다는 뜻으로 응수한 것이다. 동갑인 향곡 조실스님과 성철 방장스님의 살아 있는 선문답이었다. 두 분의 그런 모습에 고우 스님은 감동했다. 그래서 그해 겨울인 1967년 동안거는 성철 스님이 계신 해인총림 선원에서 지내기로 하고 방부를 들이고 김장까지 하면서 안거를 준비하였다.

하지만 결국 고우 스님은 훗날 입에 침이 마르도록 "『백일법문』은 최고의 불교 입문서"라고 상찬한 전설의

'백일법문'이 설해진 그해 해인총림 동안거에 동참하지 못하였다. 아직 성철 스님과 만날 시절인연이 되지 않았던 모양이다.

봉암사
제2결사를 논의하다

묘하게 빗나간 인연

고우 스님은 해인총림 선원에서 동안거 정진을 하려고 방부를 받아 김장까지 하고 결제 준비를 마쳤다. 그때 갑자기 활안 스님이 해인사로 찾아와서 같이 묘관음사로 가서 동안거를 지내자고 하였다. 참 난감하였다. 활안 스님은 김천 수도암 행자 시절부터 알고 지낸 사이로 청암사 강원 시절에도 만났다. 고우 스님이 묘관음사 선원에서 첫 안거를 지낼 때도 입승 소임을 맡아 사형처럼 잘 이끌어준 분으로 이후 묘관음사에서 여러 철을 함께 잘 정진하였다. 그런 인연으로 해인사까지 고우 스님을 데리러 온 것이다. 형님처럼 따르는 선배 스님이 일부러 먼 길을 와서 같이 가자고 하는데 안 간다고 할 수 없었다. 결국 1967년 동안거는 성철 스님이 방장으로 계시던 해인총림에서 하지 못하고 묘관음사로 가서 지내게 되었다.

동안거가 끝나자 해인사에서 안거를 난 법전法傳(1926~2014) 스님이 묘관음사에 와서, 동안거 동안 성철 스님이 백일법문을 하셨다고 말해주었다. 만약 그때 성철 스님이 백일법문 한다는 것을 미리 알았더라면 스님은 해인총림을 떠나지 않았을 것이라 회고하셨고, 직접 백일법문을 듣지 못한 것을 두고두고 안타까워하셨다.

1960년대는 한국불교 격동기였다. 일제강점기에 대처승들의 득세에 눌려 뒷방에서 어렵게 참선 수도하던 비구수좌들은 광복 후 1947년 "부처님 법대로 살자!"는 봉암사 결사와 1954년에 본격화된 승단 정화운동을 통해서 천신만고 끝에 교단의 주도권을 잡았다. 그리고 1962년 비구·대처 통합 대한불교조계종이 출범하면서 비구승 주도의 교단 운영권이 확립되어갔다. 이런 배경에서 1967년에 해인총림이 지정되어 선풍禪風 진작의 기반을 다졌고, 성철 스님은 해인총림의 첫 동안거에 불립문자 교외별전이라는 선종 가풍에서는 드물게 하루에 한 시간씩 100일 가까이 설법을 하였다.

훗날(1993년경) 고우 스님은 원택 스님이 책으로 만든 『백일법문』을 읽어보시고 너무나 기뻤다. 당신이 그동안 공부한 경전과 참선 체험이 성철 스님의 『백일법문』에 훌륭하게 정리되어 있어 중도 정견이 확고해졌다고 하셨다. 고우 스님은 『백일법문』을 인류 최고의 불교 입문서라 평하였고, 불교 공부를 묻는 사람이 있으면 누구에게나 『백일법문』 읽기를 권하고 손수 책을 구해서 나눠주기도 했다.

봉암사 제2결사의 시대적인 배경

1969년 송월淞月(1925~2008) 스님이 김룡사 주지를 맡게 되었다. 송월 스님은 고우 스님의 경안經眼을 열어준 혼해 강백의 유일한 상좌였다. 김룡사 주지를 맡게 된 송월 스님이 금선대에 있던 고우 스님에게 총무 소임을 부탁해서 김룡사 총무를 하게 되었다.

그때 마침 김룡사에 와 있던 법연法演 스님(지금 봉암사 백련암 주석)이 고우 스님이 내려온 금선대로 올라가 정진을 하였다. 또 김룡사 산내 화장암에는 설악산 백담사에서 같이 정진하던 법화 스님이 있었다. 이렇게 하여 김룡사 한 도량에서 고우 스님과 도반 법화 스님, 법연 스님이 정진하게 되었고, 자연스럽게 수좌 도반들이 그곳으로 모여들게 되었다.

김룡사와 가까운 문경 희양산에 봉암사가 있다. 널리 알려져 있듯이 희양산 봉암사는 통일신라 후기 지증도헌 국사가 구산선문九山禪門 중 희양산문을 개산하여 지금까지 선풍이 성성하게 전승되고 있는 한국 선의 대표 도량이다. 고려시대에는 희양원曦陽院으로 도봉원, 고달원과 함께 3대 국찰國刹이었다. 개산조 지증도헌 국사를 비롯하여 고려시대 정진 국사, 태고보우 국사, 『금강경오가해 설의』를 지은 함허 스님과 같은 수많은 고승들이 정진한 유구한 참선 도량이다.

특히 봉암사는 광복 후인 1947년 성철 스님이 자운·보문·청담·향곡·월산·혜암·법전·지관 스님과 함께 "부처님 법대로 살자!"는 기치를 내걸고 결사한 도량이다. 1950

년 전쟁이 터져 결사는 중단되고 말았지만 봉암사의 결사 정신은 1954년 승단 정화운동을 거쳐 1962년 통합 조계종단의 출범으로 이어져 지금 대한불교조계종의 사상적·문화적 기반이 되었다.

전쟁으로 결사가 중단된 이후 봉암사

지금 봉암사는 대한불교조계종의 유일한 종립 선원으로 1년에 단 하루 산문을 개방할 뿐, 364일 산문을 닫고 오로지 참선 수도만 하는 희유한 수좌도량으로 널리 알려져 있다. 하지만 결사가 중단된 직후의 봉암사는 우리 민족의 운명과 같이 위기를 맞았다.

1947년 가을에 시작된 봉암사 결사는 1949년 동안거를 해제한 뒤인 1950년 봄에 중단되었다. 봉암사에 빨치산이 자주 나타나자 결국 국군이 절과 암자의 출입을 금지하는 소개령을 내렸기 때문이다. 유구한 천년고찰도 시대의 아픔을 비켜 가지 못했던 것이다.

1950년 6월에 전쟁이 터져 인민군이 내려오자 국군이 남쪽으로 후퇴한 사이, 만성晩惺 스님은 생명의 위협을 무릅쓰고 홀로 여러 번 봉암사로 가서 도량을 지켰다. 전쟁이 끝난 뒤에는 종단이 정화로 어수선한 틈을 타서, 경찰 출신의 속인이 스스로 머리를 깎고 주지 행세를 하며 700만 평이나 되는 봉암사 임야를 팔아먹는 희대의 사건이 일어났다. 이에 가은 불자들이 봉암사를 지키자며 들고일어났고, 휴정休情 스님이 6년간의 소송 끝에 팔아먹은 땅을 전부 되찾았다.

성철 스님은 팔공산 성전암에서 10년 동구불출 정진을 마치고 1965년 김룡사에서 첫 대중설법을 시작한 뒤 사부대중이 모여들자 더 넓은 도량을 찾던 중 봉암사도 방문하여 살펴보았지만, 결국 보다 큰 도량인 해인사로 갔다.

그때에 유구한 전통과 결사 도량으로서 청정한 기운이 감도는 희양산 봉암사가 좋아서 찾는 수좌들이 많았다. 1969년 여름에 법진 스님이 봉암사 백운암에서 홀로 정진하다가 양식이 떨어졌다. 봉암사 원주 스님에게 부탁하자 봉암사에도 양식이 없다고 주지 않았다. 법진 스님이 "어떻게 큰절에 양식도 없느냐?"고 뭐라 하자, 원주 스님이 "차라리 스님이 절을 맡아 살림을 사세요." 하며 퉁명스럽게 말했다.

법진 스님은 하는 수 없이 양식을 구하러 은사 스님이 계시는 서울 대각사로 갔다. 대각사에서는 2만 5천 원이라는 큰돈(지금 기준으로는 약 300만 원)을 보시해주었다. 그렇게 탁발을 마친 법진 스님이 점촌 버스정류장에 도착하였는데 마침 김룡사 가는 버스를 기다리고 있던 도반들을 만났다. 서로 안부를 묻고 하다가 봉암사 이야기가 나오자 "차라리 봉암사를 정화해서 참선 도량으로 하는 게 좋지 않겠습니까?" 하는 말이 나왔다.

그래서 법진 스님은 봉암사로 가지 않고 김룡사로 가서 수좌들과 봉암사 문제를 더 논의하게 되었다. 그때 김룡사에 모여 봉암사 문제를 일차적으로 모여 논의한 수좌들이 법진·고우·법화·법연·천장·영명 스님 등 여섯 비구들이었다.

당시 김룡사에는 성철 스님이 불사하여 머물던 상선원上禪院이 있었다. 정식 선원을 운영한 것은 아니지만 수좌들이 선원을 오가며 자유롭게 정진하였기에 주로 상선원에서 봉암사 정화를 논의하였다. 그때 범어사 무비無比 스님도 우연히 점촌 버스정류장에서 수좌들을 만나 봉암사 이야기를 듣고는 "나도 동참하겠다." 하고 왔고, 통도사 정광淨光 스님도 인연이 되어 합류하였다. 이렇게 하여 수좌 10여 명이 봉암사를 다시 참선 도량으로 만들 계획을 논의하게 되었다. 그때 고우 스님은 33세로 가장 나이가 많은 편이었다.

공심公心으로 살다

봉암사
제2결사 이야기

봉암사 정화 준비와 주지 승인 문제

고우·법진·법화·법연·무비·영명·정광 스님 등 30대 전후의 수좌 10여 명이 문경 운달산 김룡사 상선원에 모였다. 이들은 유구한 구산선문의 전통을 잇고, "부처님 법대로 살자!"는 1947년의 결사 정신을 되살리기 위해 희양산 봉암사에 들어가 살기로 뜻을 모았다.

수좌 대중이 봉암사로 들어가려면 관할 교구본사 주지의 승인을 얻어야 했다. 당시 봉암사 교구본사는 김천 황악산 직지사였다. 직지사는 일제강점기 사찰령 아래에서는 해인사 말사였다. 그러다 광복 후 조계종단에서 비구

수좌들이 승단 정화운동을 할 때 경북 북서부를 관할하던 문경 김룡사가 대처승 인물이 많고 세력이 워낙 강하여 바로 정화할 수 없게 되자, 비구승들이 많았던 직지사를 본사로 하고 김룡사를 말사로 편입해버렸다. 그렇게 하여 문경 봉암사도 자연 직지사 말사로 편제되었던 것이다.

봉암사의 교구본사 직지사는 1958년에 녹원綠園(1928~2017) 스님이 주지를 맡아 1969년 봉암사 제2결사 당시에도 주지를 맡고 있었다. (녹원 스님은 4년 임기의 교구본사 직지사 주지를 일곱 차례 역임하였다.) 녹원 스님은 당시 봉암사 주지에 진홍 스님을 임명하였는데, 진홍 스님은 김천 관음사 주지를 겸하고 있어 주로 관음사에 있었다. 비록 주지가 봉암사가 아닌 김천 관음사에 있었지만, 봉암사의 도량 수호와 문화재, 재산 관리는 주지 책임이었다.

직지사 주지
녹원 스님에게 거절당하다

1969년 가을, 김룡사 수좌들은 봉암사 일로 김천 직지사에 가서 주지 녹원 스님을 만났다. 녹원 스님은 직지사 조실을 지낸 탄옹 스님의 상좌로 교학과 선, 율행을 겸하면서 주지 소임까지 잘하는 보기 드문 수행자였다. 본사가 직지사였던 고우 스님보다 세납이 아홉 살이나 많은 선배였다. 고우, 법화, 천장, 법진 등 여러 젊은 수좌들이 찾아가니 녹원 스님은 놀라면서도 당당하게 맞이하였다.

수좌들은 녹원 스님에게 봉암사는 구산선문의 선찰 전통을 잇고 있고, 1947년 결사 정신을 되살려 참선 도량으로 하면 좋겠으니 수좌들이 맡게 해달라고 청하였다. 그러자 녹원 스님은 수좌들이 바랑 지고 운수납자로 제방 선원을 다니며 정진하는데 어떻게 도량을 맡아 운영할 수 있겠느냐며 완곡하게 거절하였다. 그렇게 하여 첫 만남에서 수좌들의 뜻은 거절당하고 말았다.

김룡사로 돌아온 수좌들은 다시 어떻게 할 것인가를 논의했다. 직지사 녹원 스님의 마음을 돌려 믿음을 얻을 수 있는 방법을 찾아보자는 것이었다.

희양산 산림의
남벌 문제

그때 봉암사 백운암에서 정진하던 법진 스님과 봉암사

를 자주 출입하던 법화 스님이 가은읍의 신심 있는 불자들이 하는 말을 듣게 되었다. 지금 봉암사에는 주지가 절에 없는데 큰 산판이 벌어져 절 형편이 말이 아니라는 것이었다. 주지가 산판 업자들과 큰 계약을 맺고는 봉암사 입구에서 오봉정(봉암사 법당에서 계곡을 따라 10여 리 더 들어가면 있는 큰 화전민 마을)까지 500정보나 되는 막대한 산림을 베어내고 새로 유실수를 심는 대대적인 수종 개량 사업을 하고 있다는 것이다. 말이 수종 개량이지 희양산 일대의 850만 평이나 되는 토지에 있는 울창한 소나무를 베어 팔고는 낙엽송이나 잣나무 같은 유실수를 심는다는 것이다.

여기에는 문경시청 공무원들도 관련되어 있었다. 당시 정부는 전쟁 이후 황폐해진 산을 가꾸기 위해 식목정책을 대대적으로 추진하였는데, 백두대간의 중심에 위치한 희양산 일대의 울창한 소나무를 베어내고 생산성 있는 나무를 심는 사업이었다. 소나무는 지금이야 우리나라를 대표하는 나무로 시내 가로수로도 심을 만큼 각광받고 있지만 당시에는 쓸모가 없고 생산성이 떨어지는 '망국지목亡國之木'으로 홀대받았다.

하지만 그것은 구실일 뿐, 실제 그렇게 베어낸 봉암사

소나무들은 가까운 가은 은성탄광을 비롯한 탄광의 갱목으로 팔려나갔다. 봉암사가 있는 문경은 남한 최초로 석탄 탄광이 개발된 곳으로, 당시에는 60여 개의 탄광이 있었으니 갱목 등 목재 수요가 상당하였다. 그러니 봉암사 소나무들은 적지 않은 돈이 되었고, 또 오봉정 일대 화전민들은 봉암사 참나무들을 베어 숯을 구워 팔았기 때문에 그것도 돈이 되었다.

천년고찰 봉암사 산림이 무참히 베여나가는 상황에도 주지는 절에 없었으니 가은 신도들의 원성이 쌓여만 갔고, 김룡사 수좌들도 이 문제를 더 이상 두고 볼 수가 없었다.

수좌들의 원력과
녹원 스님의 결단

봉암사를 참선 도량으로 만들자고 결의한 수좌들은 다시 직지사 주지 스님을 만나러 갈 준비를 단단히 하였다. 명분은 충분했다. 구산선문의 전통을 잇고 정화결사 정신을 되살려 참선 도량으로 하자는 것과 삼보정재인 봉암사 산림을 지키자는 것이었다.

이 뜻을 실현하기까지 한 사람도 절대 물러서거나 이탈

하지 않기로 결의하였다. 수좌들은 이 원력을 성취하기 위해서 뜻을 같이하는 수좌들을 더 모아야 했다. 그래서 전국선원수좌회의 모태가 되는 선림회 총무를 맡고 있던 능혜 스님을 오게 하여 취지를 설명하니 흔쾌히 동참하였다.

봉암사의 수좌 도량 복원 문제는 선림회 총무 능혜 스님의 참여로 차원이 달라졌다. 이전에는 고우, 법진, 법화, 법연 등 20~30대 젊은 수좌들의 사사로운 뜻으로 시작하였지만 선림회는 제방 수좌 대중의 권익을 대표하는 단체였다. 1967년 동화사 선원에서 창립된 선림회는 종단의 정화와 개혁 그리고 선풍 진작을 위한 수좌 단체로, 해인총림 지정과 송광사의 정화 등에도 역할을 하여 당시로선 권위와 위상이 상당하였다.

젊은 수좌들의 기백과 선림회의 가세로 큰 힘을 얻은 봉암사 정화 결사 수좌들은 다시 직지사로 주지 스님을 만나러 갔다. 녹원 스님은 선림회 능혜 스님까지 나타나자 전과 달리 긴장하면서도 꼿꼿하였다. 고우 스님을 비롯한 수좌들은 이전의 주장에 이어서 봉암사 산판 문제를 거론했다. 천년고찰이자 구산선문의 유구한 선찰 봉암사에 주지가 부재하고, 산판으로 아름드리 재목이 잘려나가는 등 날로 피폐해지고 있다고 호소했다. 그리고 수좌들에게 봉암사를 맡겨 삼보정재를 지키고 선찰로 거듭나게 해달라고 정중히 다시 요청하였다.

본사 주지 녹원 스님은 수좌들의 간절한 호소를 듣고 고심하는 모습이 역력하였다. 이내 녹원 스님이 뭔가를 결심한 듯 차분하게 말하였다. 젊은 수좌들의 뜻이 좋으니 당신도 수용하겠다면서 한 가지 조건을 제시하였다. 지금 봉암사 산판은 정부가 추진하는 산림 수종 개량 10개년 계획의 1차 5년 계약인데, 이 5년 계약은 그대로 유지하는 조건으로 수좌들이 추천하는 주지를 임명하겠다는 것이었다. 수좌들도 마다할 이유가 없었다. 그렇게 하여 봉암사는 젊은 수좌들의 원력과 직지사 주지 녹원 스님의 결단으로 마침내 참선 도량으로서의 면모를 회복할 수 있게 되었다.

1969년 가을 봉암사에 들어가다

김룡사에 모여 봉암사 정화결사의 원력을 세웠던 10여 수좌들은 드디어 1969년 가을 추석을 지나 봉암사에 들어갔다. 당시 봉암사에는 한곳에 모여 좌선할 선방도 없었다. 전쟁 직후인 1956년에 봉암사 결사 참여자 중 막내 격인 도우 스님(도선사 청담 스님 상좌)이 주지를 맡아 산판山坂을 해서 60평짜리 큰방을 크게 지었는데, 다 지어갈 무렵 목수의 실수로 불이 나서 다 타버렸다. 그 뒤 만성 스님이 주지를 맡으면서 큰 법당을 짓다가 중단되어 봉암사는 대중이 한곳에 모여 정진할 만한 공간도 없는 형편이었다. 결국 10여 수좌들은 여러 전각에 흩어져 각자 정진할 수밖에 없었다.

양식도 문제였다. 그때 봉암사에 함께 들어간 무비 스님은 이렇게 회고한 적이 있다.

"대중이 많았으나 봉암사 살림은 어려웠다. 절 땅에서 나오는 옥수수, 조, 콩 몇 말이 다였다. 그래서 양식이 떨어질 때면 돌아가면서 탁발을 나갔다. 또 어딜 갔다가 차비를 얻으면 그것을 혼자 쓰지 않고 공양비로 내놓았다. 어느 날 자전거에 옥수수 한 포대를 싣고 가은 장날 나가서 뻥튀기를 해서 싣고 오는데 어찌나 뿌듯하던지…. 그때 일이 지금도 눈에 선하다."

당시 봉암사 제2결사 도반들은 참선 수도라는 수행자의 본분을 지키고 부처님 가르침대로 살자는 뜻이 같으니 자연히 공부하려는 열정이 가득했고, 무엇보다 20~30대의 젊음이 용기를 북돋워 자신감이 하늘을 찌를 듯했다.

“사상을 같이하는 사람끼리 사사로운 문중門中을 떠나 부처님 가르침대로 원융圓融 살림을 하며 정진하고 살자! 부처님 가르침대로 살자!”

하늘을 찌르는 듯한 희양산의 기세처럼, 출가 수행자들에게 이 말보다 더 가슴 뛰게 하는 말이 어디에 있으랴!

33세의 고우 스님을 비롯한 수좌들은 이런 정신으로 희양산 봉암사에서 자리를 잡아갔다.

봉암사
수행 생활

난관에 처한
봉암사 주지 문제

법화 스님의 도반인 백양사 천장 스님도 봉암사를 좋아해 자주 찾았다. 봉암사 제2결사에 참여했던 스님 중에 법연 스님은 그때부터 지금까지도 봉암사를 지키고 있다. 1969년 가을에 봉암사에 들어간 수좌들은 특정 문중을 떠나 오로지 수좌 도량의 원융 살림을 지향했다. 재정을 공개하고, 함께 참선하고 탁마하며, 대소사는 부처님의 승가공동체 정신을 살려 민주적으로 토의하여 합의로 진행하자고 뜻을 모았다. 한마디로 오로지 부처님 가르침대로 살자는 것이다.

봉암사를 명실상부한 참선 도량으로 복원하려면 그런 뜻을 가진 주지가 있어야 했다. 하지만 제2결사 동참 수좌 중에는 아무도 주지 소임을 하려고 나서는 이가 없었다. 지금과 달리 당시에는 수좌는 참선 수도가 본분사라는 인식이 강하여 주지 등 사찰 소임, 즉 사판事判은 기피하는 분위기였다. 더구나 고우 스님을 비롯한 결사 수좌들은 아직 승납이 10년도 되지 않은 젊은 수좌들이었으니 더 그러했다.

그래서 의논한 끝에 선배 수좌를 모시기로 하였다. 먼저 서암 스님을 봉암사로 오시라 하니 어찌 된 영문인지 스님은 원적사에 계시면서 한사코 봉암사로 오시려 하지 않았다. 다음에 모시려 한 분이 범어사 지유 스님이었다. 고우 스님과 지유 스님은 문경 운달산 금선대에서 서암 스님을 모시고 살아 마치 사형사제처럼 지내고 있었다. 결사 도반 법화 스님과는 서울 안국동 선학원에서 같이 지낸 인연이 있었다. 그런 인연으로 고우 스님과 법화 스님 그리고 범어사 문중인 무비 스님이 나서서 지유 스님에게 봉암사 주지를 맡아 봉암사에서 같이 살자고 설득했다.

하지만 지유 스님은 봉암사에서 같이 정진하는 것은 좋지만 주지는 꿈에도 생각해보지 않았노라고 한사코 거절하였다. 그래서 일단은 봉암사에서 같이 살기로 하고 지유 스님을 봉암사로 모셨다. 그러고 나서 스님들이 지유 스님을 적극 설득했다. 봉암사가 참선 도량이 되려면 수좌 중에 누군가 주지를 맡아야 하는데, 맡을 분이 스님밖에 없다고 사정했다. 그래도 지유 스님은 거절하였다. 대중들이 정 그러시면 이름만이라도 빌려달라고 하자 절 살림이나 사무는 일절 맡지 않는다는 조건으로 승낙을 하였다.

봉암사 주지에 지유 스님, 총무에 고우 스님

지유 스님이 봉암사 주지를 맡기로는 했지만 이름만 건 것이라, 절 살림과 사무를 누군가 맡아야 했다. 결사 도반들은 자연스럽게 고우 스님이 맡아 하는 것이 좋겠다고 의견을 모았다. 이미 김룡사 총무 소임도 맡아보았고, 또 봉암사에 들어오기까지 좌장 역할을 해왔으니 봉암사 일도 고우 스님이 맡는 것이 좋겠다고 합의가 되었다. 고우 스님도 사사로운 이해관계를 떠나 대중을 위하는 일이고 수좌 도량의 봉암사를 위한 일이니 마음을 내었다.

이렇게 구산선문의 유구한 전통을 간직한 봉암사를 참

선 도량으로 복원하려는 수좌들의 뜻이 모아져 새 주지에 지유 스님이 추대되고, 실질적인 주지 일은 총무 고우 스님이 맡게 되었다. 도량을 책임지는 도감都監은 법연 스님이 맡았다.

당시 봉암사에는 놀랍게도 선방이 없었다. 지금이야 한국불교를 대표하는 참선 도량이자 대한불교조계종의 유일한 종립 선원이지만 1969년 제2결사 당시 봉암사 사정은 그랬다. 참선 대중이 한곳에 모여 정진할 공간이 없었다. 각자 여러 전각에서 자유롭게 정진했다. 그러니 당시 봉암사 정진 분위기는 자유와 자율 그 자체였다. 예불과 공양 때는 한곳에 모여 예불, 공양하고는 각자 전각에서 좌선할 사람은 좌선하고, 경전 볼 사람은 경전 보고, 일할 사람은 일하는 그런 정진 분위기였다.

봉암사 살림은 여전히 어려웠다. 양식이 떨어질 때면 누구라고 할 것 없이 알아서 탁발 나가서 양식을 구해 왔고 그것으로 같이 공양하고 정진했다. 부족하거나 넘치는 것이 없었다. 봉암사에서는 원융 살림을 한다고 했지만, 워낙 가난하니 원융 살림할 것도 없었다.

그때 무비 스님은 호걸처럼 키가 크고 유쾌하여 봉암사에서 늘 재밌게 정진했는데, 워낙 선하고 마음이 약해서 무슨 일이 생기면 슬그머니 사라졌다고 한다. 고우 스님 당신도 마음이 약했는데, 자기보다 무비 스님이 덩치와 달리 더 약했다고 한다. 하지만 고우 스님은 공적인 일에 대해서는 절대로 양보하지 않고 정면 대결했다며 이렇게 회고하였다.

"그걸 어른 스님들이 공심公心이라 하셨는데, 나는 그 공심에서는 양보하지도 물러서지도 않았어요. 그래서 성질이 못됐다는 말도 들었지만 불교 공동체 일에서는 절대 물러서지 않았어요. 봉암사 일이 특히 그랬습니다. 수좌계 전체를 위하는 일이고 조계선풍을 살리는 일이니 양보할 게 없었지요."

봉암사 산판 일로
감옥에 가다

봉암사는 1947년 가을 성철 스님과 자운 스님이 주축이 되어 "부처님 법대로 살자!"는 취지로 결사를 시작한 곳이다. 하지만 1949년 빨치산의 잦은 출몰로 동안거를 마친 1950년 봄에 정부의 소개령이 내려져 결사가 중단된 이후 당시까지 선원이 재건되지 못하고 도량만 겨우 유지되고 있었다.

전쟁이 나서 모두가 피난 갔을 때 만성 스님은 홀로 남아 목숨을 걸고 봉암사를 지켰다. 전쟁이 끝나고 종단이 승단 정화로 혼란할 때 어떤 주지는 절 땅을 팔아먹거나 화전민들과 숯을 구워 절 운영을 하기도 했다. 그래서 봉암사의 교구본사였던 직지사에서 주지를 새로 임명하면서 정부의 산림 수종 개량사업과 연계하여 봉암사 사찰림을 10년 계획으로 벌목하고 유실수를 심는 산판을 추진한 것이다.

1969년 결사 도반들이 처음 봉암사에 들어왔을 때에도 큰 산판은 계속되어 목재를 싣는 사륜구동 트럭(GMC)이 도량 안으로 오르내렸다. 겨울이 되어도 이 산판은 멈추지 않았다. 스님들이 보기에 산판업자들이 계약보다 나무를 과하게 베어내고 있었다. 잘못하다가는 봉암사 산이 민둥산이 될 위험이 있었다. 그래서 고우 스님과 대중들은 절 산림을 지키기 위해 산판 현장에 가서 나무를 제대로 베는지 살펴보기도 하고 계약보다 더 많은 나무를 베면 제지하기도 하였다. 이렇게 하니 산판업자들과 봉암사 수좌 스님들 사이에 갈등이 일어나 거친 벌목 일꾼들이 스님의 멱살을 잡는 등 몸싸움까지 일어났다.

봉암사의 방대한 사찰림을 베어내 돈을 벌려는 업자들과 산림을 지키려는 수좌 스님들의 갈등은 필연적이었다. 당시 벌목업자들과 결탁한 시청 산림 공무원들도 이런 사태를 알게 되었다. 그들의 눈에는 수좌 스님들이 방해꾼이자 눈엣가시였다.

산판업자들은 먼저 봉암사 총무 고우 스님을 회유하려고 했다. 그러나 스님은 조금도 흔들리지 않았다. 그러자 산판업자들은 시청 산림 공무원들과 짜고 봉암사 백련암에 장작이 쌓여 있는 것을 지서에 고발해서 봉암사 스님들을 괴롭히려 하였다. 당시에는 정부가 산림정책을 강하게 추진하던 터라 산에서 나무를 한 그루라도 허가 없이 베면 엄벌하던 시대였다.

당시 백련암에는 혜암 스님이 정진하고 있었다. 혜암 스님은 어디를 가든지 먼저 도량 주변 나무를 시원하게 베어내고 정진하였다. 그때는 겨울이라 땔감을 마련해서 암자에 장작을 넉넉하게 쌓아두었는데, 이것을 산판업자들이 고발한 것이었다.

비록 암자에서 혜암 스님이 한 일이지만 봉암사 일이니 경찰서에서는 총무 소임을 맡고 있는 고우 스님을 불렀다.

스님이 가보니 백련암 장작을 문제 삼았다. 고우 스님은 어른인 혜암 스님이 한 일이지만 그렇게 말하지 않고 총무인 자기 책임이라고 했다. 경찰은 그 자리에서 바로 고우 스님에게 수갑을 채워 상주구치소로 끌고 갔다. 출가 수행자인 고우 스님이 산판업자와 문경 산림 공무원들의 농간으로 뜻밖의 감옥살이를 하게 된 것이다.

감옥살이와 심원사의 공空 체험

보름 동안의 감옥살이

고우 스님이 죄수복으로 갈아입고 처음 교도소 방에 들어가니 한방에서 지내게 된 여러 죄수들이 스님이냐고 물었다. 그렇다고 답하니 "스님이 어떻게 여기에 왔느냐?"며 캐물었다. 자초지종을 설명하자 같은 죄수들이 불쌍하게 봐주었다.

그렇게 인사를 나누고 그 방에 갇힌 죄수들과 가까워져 이런저런 이야기를 나누게 되었다. 한방에 갇힌 죄수들의 사정을 들어보니 스님이 처벌받은 죄가 가장 무거웠고 다른 죄수들은 죄도 안 되는 이유로 감옥에 와 있다는 것을 알게 되었다. 한마디로 '유전무죄有錢無罪 무전유죄無錢有罪'였다. 그중에 고등학생 나이의 청소년이 있었는데, 가난하여 학교도 가지 못하고 배가 고파 무엇을 훔쳐 먹은 죄로 감옥에 들어와 있었다. 스님은 그 청소년이 안쓰러워 당신에게 들어온 사식이나 빵 같은 것이 생기면 나눠주었다. 소년은 고마워하며 스님을 의지하였다.

고우 스님이 억울하게 감옥에 갇히자 봉암사 수좌 스님들과 가은, 문경 일대 신도들이 구명운동에 나섰다. 봉암사 스님과 신도들이 사방으로 호소한 끝에 여러 사람의 도움으로 고우 스님은 보름 만에 감옥에서 나오게 되었다. 같은 감방에서 고생하던 죄수들은 스님이 보름 만에 풀려나자 의아해하면서도 잘됐다고 축하해줬다. 하지만 스님에게 의지하던 소년은 눈물을 흘리며 슬퍼했다. 스님도 소년이 안쓰러워 그동안 들어온 얼마간의 영치금과 사식 등을 다 주고 나왔다.

비록 보름이지만, 스님은 세속사회의 가장 밑바닥인 감옥살이를 경험하였다. 감옥은 세상살이가 얼마나 모순인지, 세속의 삶을 왜 괴로움이라 하는지 실감하게 해주었다.

스님은 감옥살이를 통해 가난하고 소외받은 이들에 관심을 갖게 되었다. 또한 사회의 모순을 극복하고 인간다운 사회를 회복하는 데도 관심을 가지는 계기가 되었다. 이후 스님은 법문할 기회가 있을 때마다 중생이 본래 부처이고 사람의 죄와 업도 본래는 공하다는 불교의 진리를 설하면서, 깨달음의 대자유를 강조하게 되었다.

고우 스님의 석방과
봉암사 청정 수행 도량의 회복

봉암사 총무인 고우 스님이 감옥에 갔다가 보름 만에 석방되어 나오자 산판업자들은 깜짝 놀랐다. 그들은 사사건건 산판일을 감시·감독하며 사업 추진에 큰 장애를 안겼던 고우 스님을 감옥에 보냈으니 이제 마음대로 산판 사업을 진행할 수 있으리라 생각하고 쾌재를 불렀는데, 한 달도 안 되어 석방되어 나오니 충격이 컸다.

고우 스님은 자신이 감옥에 가게 된 것이 산판업자들과 문경시 산림 공무원들의 농간이라는 것을 알고 있었다. 그래서 감옥에서 나온 뒤 산판업자들을 만났다. 산판업자들은 더 이상 어쩔 도리가 없다고 판단했는지 지금까지 벌여

놓은 산판을 마무리할 시간을 얼마간 주면 다 정리하고 봉암사를 떠나겠다고 했다. 고우 스님은 봉암사 대중들과 의논하여 업자들의 제안을 수용하였고, 1971년 봉암사 산판 문제는 완전히 마무리되었다.

고우 스님을 비롯한 봉암사 수좌들이 각고의 노력과 열의로 봉암사의 울창한 사찰림을 지켜낸 것이다. 하루에도 몇 차례씩 먼지를 날리며 지나다니던 사륜 트럭들이 출입을 멈추니 봉암사는 본래 청정한 수행 도량의 모습을 회복하게 되었다.

문경 심원사에서의 공 체험

1971년 봉암사 산판 문제가 마무리되자 고우 스님은 어깨에 지고 있던 큰 짐을 내려놓은 듯했다. 봉암사 총무 소임과 주지직을 대리하며 가장 골치 아프고 속을 썩인 것이 산판 문제였기에, 이제는 봉암사를 떠나 오로지 공부만 해보고 싶어졌다. 당시 봉암사에는 방사가 부족하여 총무 고우 스님과 교무 법화 스님이 한방을 쓰고 있었는데, 어느 날 새벽 법화 스님이 잠에서 깨어보니 고우 스님이 아무런 말도 없이 홀연히 바랑을 챙겨 떠난 뒤였다. 그렇게 고우 스님은 봉암사를 떠나 더 깊은 산중으로 들어갔다.

고우 스님이 산판 문제를 해결하고 도량을 안정시킨 뒤 들어간 곳은 문경 농암 도장산 심원사였다. 심원사深源寺는 문경과 상주의 경계인 도장산 깊은 산속에 있는 작은 절로, 도장산道藏山은 백두대간의 소백산 자락에 있는 높은 명산이다. 이중환의 『택리지擇理志』에 "청화산과 속리산 사이에 경치 좋고 사람 살기 그만인 복지가 있다."는 기록이 있는데 바로 여기를 말한다. 도장산 높은 곳에 들어앉은 심원사는 신라 태종무열왕 때 원효대사가 창건하였는데, 당시에는 도장암이라 하였다.

고우 스님이 갔을 때 천년고찰 심원사는 법당과 요사채만 있는 작은 암자였다. 심원사는 지금도 차가 닿지 않아 험한 산길을 걸어 올라가야 한다. 심원사가 있는 도장산 건너편에는 쌍룡계곡을 사이에 두고 청화산 원적사가 있는데, 이곳에 고우 스님이 따르던 서암 스님이 주석하고 있었고, 그 무렵에는 혜국 스님도 원적사에서 정진했다. 한번은 심원사에 가니 고우 스님이 식량을 마련하려고 벌을 키우며 정진하고 있었다.

심원사에서 고우 스님이 정진하자 범어사의 지유 스님과 대효 스님도 와서 함께 정진하게 되었다. (무비 스님은 당신도 심원사에서 함께 정진했다고 회고하셨다.) 고우 스님에 따르면, 두 분이 큰방을 쓰고 작은방엔 고우 스님이 거처하면서 따로 정해놓은 시간 없이 각자 새벽이면 일어나 정진했다고 한다.

그러던 어느 날 고우 스님은 참선 중 처음으로 큰 체험을 한다. 당신은 뒷날 이 심원사 깨달음을 '공 체험'이라 하였는데, 고우 스님께서 직접 남기신 말씀을 들어보자.

> "하루는 아침에 좌선을 하고 있는데 불현듯 '무시이래無始以來'라는 구절이 떠오르더니 '그 무시이래가 비롯함이 없는 아득한 옛날이 아니라 바로 지금 이 순간이구나!' 하는, 시간과 공간을 초월하는 강한 느낌이 왔어요. 엄청나게 환한 느낌이 와서 기분이 너무 좋았지요. 그래서 『서장』을 찾아 살펴보니 그전에는 이해 안 되던 대목이 화두 빼고는 다 이해가 돼요. 화두도 이젠 시간 문제라는 생각이 들었죠. 그때는 아주 좋았어요. 지금 생각

해보면 공에서 공을 여의었어야 했는데."[8]

35세에 고우 스님은 심원사에서 공空에 대한 체험을 한 것이다. 그동안 강원에서 불교를 공부하면서 공에 대하여 이론적으로만 알았는데, 이제는 마음으로 체험하게 되어 확신이 들었다. 마치 다 깨달은 것 같았다. 그때 같이 정진하던 대효 스님도 비슷한 체험을 한 것을 알았다.

---

8 박희승, 『선지식에게 길을 묻다』, 은행나무, 2009.

심원사 체험 이전과 이후

공 체험 이후 성격이 바뀌다

1971년 문경 도장산 심원사에서 35세의 고우 스님이 좌선하던 중 느낀 강렬한 공空 체험은 스님의 성격마저 바꿔놓았다. 그 체험 이전 고우 스님은 은둔형이었고 염세주의자였다. 그도 그럴 것이 군복무 중에 얻은 폐결핵으로 세상을 부정적으로만 보아왔고 제대 후 유일하게 의지하던 어머니의 죽음은 세상을 허망하게만 보게 했다. 그런 사연을 안고 죽고자 하는 마음으로 수도산 수도암에 들어갔다가 불법을 만나 출가의 새 길을 가게 되었다. 하지만 내향적이고 소극적이며 허무주의적인 생각은 여전했다.

수좌 도반들과 역사적인 봉암사 제2결사를 하였지만 고우 스님은 여전히 염세주의적인 성향과 기질을 갖고 있어, 큰일을 하거나 대중이 많은 큰절 생활이 부담스러웠고 스트레스였다. 그렇지만 옳은 일, 불교를 위하는 일, 대중을 위하는 일에는 물러서지 않았다. 그럴 때는 어디에서 그런 기운이 나오는지 정면 돌파했다. 봉암사 제2결사가 그랬고, 봉암사 산판 문제 해결이 그러했다.

심원사에서 정진할 때 고우 스님은 지유 스님을 친형처럼 따랐고, 지유 스님도 고우 스님을 친동생처럼 아꼈다. 고우 스님과 대효 스님도 마치 사이좋은 형제처럼 평생을 우의 있게 잘 지내며, 서로 속마음을 터놓는 사이였다. 그러던 어느 날 고우 스님이 대효 스님에게 봉암사 일을 하면서 너무 힘들고 지쳤다며 "어디 무인도 등대지기 자리가 없을까? 그런 데 가서 살고 싶다."고 하셨다. 대효 스님은 형님처럼 따르던 고우 스님이 그런 말을 하자 정말로 등대지기 자리를 알아보았다. 그런데 등대지기도 그냥 가는 게 아니었다. 등대를 움직이는 기계와 작동 원리를 공부해서 시험을 통과해야 했다. 그 이야기를 듣고 고우 스님은 단념했다. 그럴 정도로 심원사에서 고우 스님은 소극적이고 은둔형이었다.

그러나 심원사 좌선 중 '무시이래無始以來'의 뜻을 깨치는 공空 체험을 한 뒤 얼굴도 말도 마음 씀씀이도 달라졌다. 훗날 법문할 때 가끔 심원사 공 체험 이야기를 하시며 불교에 대한 첫 번째 체험이었다고 하였다. 고우 스님은 그동안 출가해서 강원의 경전과 어록 공부를 통해서 보고 들은 공空을 체험까지 하니, 불교의 이해에서 한 걸음 더 나아가 부처님의 깨달음 세계에 대한 확신이 들었고, 세상을 보는 눈도 달라지고 스스로 자존감도 높아졌다. 세상을 허무한 것으로 알았던 스님은 불교를 만나 부처님의 깨달음 세계를 확신하고 부정적인 사고에서 긍정적인 사고로 바뀌게 되었다.

당시 심원사에서 정진하다가 고우 스님과 같은 체험을 한 대효 스님은 "이때부터 고우 스님이 달라졌다."고 회고한다. 그전에는 상당히 괴팍하고 염세주의적이라 은둔하려는 성향이었는데, 이 심원사 체험 이후로는 밝아지고 편안해지면서 긍정적으로 바뀌었다고 한다. 고우 스님도 대효 스님의 체험과 변화를 알아차렸지만 서로 묻지도 말하지도 않고 이심전심으로 느꼈다고 한다.

깨달음, 해오解悟인가?
돈오頓悟인가?

출가하여 불교를 공부한 지 10년 만에 심원사에서 좌선 중 공을 체험한 고우 스님은 당시에는 그것을 깨달음, 즉 견성見性으로 알았다. 워낙 성격이 내성적이고 은둔적이어서 당신의 깨달음을 누구에게 말하고 점검받을 생각조차 하지 못했다.

당시 제방 선원에서는 돈오점수頓悟漸修 공부기 대세였다. 돈오점수란 고려시대 보조普照(1158~1210) 국사가 초기에 저술한 책 『수심결修心訣』에서 주장한, 깨달음에 대한 독특한 수행관이다. 돈오頓悟, 단박에 깨치더라도 전생의 미세한 망상과 습기는 완전히 없앨 수 없으니 점점 닦아[漸修] 가야 한다는 것이다. 이 돈오에 대한 점수적 해석은 마조 스님의 상수제자 대주 스님이 『돈오입도요문론』에서 정의한 "돈오란, 단박에 번뇌망상을 없애어 더 얻을 것이 없다는 것을 깨치는 것이다."와는 다른 것이다.

깨달음에 대한 이 독특한 주장은 실은 선종의 5조 홍인 대사의 회상에서, 6조를 누구로 할 것인가를 두고 행자 혜능과 법전法戰을 펼친 교수사 신수의 게송과 같은 견해이다. "깨치려면 티끌 먼지를 부지런히 떨고 닦아야 한다."는 신수 대사의 주장처럼 돈오점수관 역시, 깨쳤더라도 번뇌망상을 부지런히 닦아야 한다는 것이다. 우리나라에서는 보조 국사의 『수심결』 이래로 이 돈오점수관이 깨달음의 길로 자리 잡아, 불교의 경전과 선어록을 모두 이런 안목으로 해설하고 공부하고 닦아가는 분위기가 강하다.

그런데 1967년 성철 스님은 해인총림 동안거 '백일법문'에서 이 보조 국사의 돈오점수관을 신랄하게 비판하면서 선문禪門의 바른 안목은 '돈오돈수頓悟頓修'라는 것을 역설하여 일대 파란이 일어났다. 그동안 고려시대 보조 국사의 돈오점수설을 천년 가까이 아무도 문제 삼지 않았는데 성철 스님이 이런 주장을 했으니 실로 파격이었다. 하지만 당시 선원뿐만 아니라 교문敎門에서도 성철 스님보다 보조 국사를 높이 받들었으니 당연히 성철 스님의 돈오돈수 입장은 배격되었고, 성철 스님의 독단적인 주장으로 치부되었다.

고우 스님이 1967년 동안거에서 성철 스님의 '백일법문'을 직접 듣지 못한 것을 두고두고 아쉬워한 이유도, 성철 스님의 돈오돈수설을 직접 들었더라면 공부에 대한 정견正見을 좀 더 일찍 세울 수 있었을 것이라는 안타까움 때문이었다.

이런 배경에서 고우 스님은 깨달음에 대하여 돈오점수설을 신봉하던 터라 당신도 심원사 공 체험을 돈오한 것으로 알았고, 이제 깨달았으니 전생 이래 미세 망상은 점차 없애가면 되리라 믿었던 것이다. 또한 평소 존경하고 따랐던 서암 스님이나 지유 스님도 보조 국사의 『수심결』을 공부의 지침으로 삼았기에, 고우 스님도 그런 견해를 자연스럽게 받아들이고 있었다.

이리하여 심원사 공 체험을 깨달음, 돈오한 것으로 여겼던 고우 스님은 적당한 보림처를 물색하던 중 태백산 각화사 동암이 비었다는 소식을 듣고 동암으로 갔다. 동암에 도착한 스님은 봉암사를 나올 때 백련암에 계시던 혜암 스님에게 인사도 못 하고 나와서 혜암 스님이 걱정하실까 봐 동암에 와서 잘 있으니 걱정하지 마시라고 편지를 써서 보냈다. 깨달아 공부를 마쳤다고 생각한 스님은 이제 태백산 깊은 산속 암자에서 유유자적하며 자연과 함께 소요하였다.

봉암사,
수좌들의 천국이 되다

봉암사 주지로 이름을 올렸던 지유 스님이 1972년에 주지를 다른 사람으로 하라 하였다. 지유 스님의 동생도 출가하여 종단 총무원에서 문화재 관련 소임을 맡고 있었는데 갑자기 죽자 지유 스님은 인생무상을 절감하고는 일체 소임을 놓고자 하였다.

봉암사 제2결사를 성취한 도반들은 다시 모여 누구를 주지로 할 것인가를 의논했다. 수좌 중에 해야 하는데, 당시 제대로 승적을 갖추고 있는 분이 법화 스님밖에 없었다. 이렇게 하여 자연스럽게 법화 스님을 봉암사 새 주지로 하였다. 법화 스님은 1947년 봉암사 결사 당시 한 중심이었던 청담 스님의 상좌였다.

법화 스님은 봉암사 주지를 맡자 고우 스님 등 수좌 도반들과 상의하여 봉암사의 선풍을 진작하기 위해 서옹 스님을 조실로 모셨다. 서옹西翁(1912~2003) 스님은 백양사 만암 스님의 전법 제자이자, 일찍이 견성 도인으로 인가받은 대선지식이었다.

서옹 스님을 조실로 모시자 봉암사에는 선객들이 더 몰려들었다. 서옹 스님은 봉암사에서 선풍을 진작하고자 보름에 한 번씩 '선어록의 왕'이라 불리는 『임제록臨濟錄』 강설을 하였다. 당대의 대선지식 서옹 스님이 봉암사 조실로 주석하며 법문을 하니 봉암사는 참선 도량의 면모를 갖춰갔다.

이리하여 1970년대 봉암사는 그야말로 수좌들의 천국이 되었다. 여전히 가난한 절이지만, 구도의 열정을 가진 본분납자들이 날이 갈수록 모여들었다. 아직 큰 선방도 없어 각 전각에서 자율 정진을 하였지만 공양, 울력, 덕발도 각자 소임을 나눠 자율적으로 행했다. 공양한 뒤 쉬는 시간에는 도량 안에서 배구도 하고 축구도 했다. 특히 지유 스님이 운동을 좋아해서 배구공을 가지고 운동했다. 그러나 조실 서옹 스님은 수좌들이 공부하지 않고 공놀이 한다고 못마땅해했다. 어느 날 서옹 스님이 봉암사에 있던 배구공과 축구공에 구멍을 내어 모두 버리자, 봉암사는 점점 더 참선 도량의 면모를 회복해갔다.

"돈오점수가 맞지 않습니까?" 하고 성철 스님께 대들다

범어사와
남해 용문사 염불암

고우 스님은 심원사로 가서 좌선하던 중 '무시이래'라는 말의 뜻을 깨치고 '공'을 체험하게 되었다. '무시이래'라는 말이 바로 『반야심경』에서 부처님 법이 불생불멸이라는 그 말이란 것을 확실히 이해하고 체험한 것이다. 이런 안목으로 보니 『금강경』에서 '과거심도 얻을 수 없고, 현재심도 얻을 수 없고, 미래심도 얻을 수 없다'는 부처님 법문에도 확연히 밝아졌다.

고우 스님은 이제 이치로는 더 막히는 것이 없었다. 공을 체험하고 나니 사유분별로는 더 이상 걸림이 없었던 것이다. 당시 고우 스님이 존경하고 따르던 스님들이 모두 깨달음을 향한 수행을 돈오점수라 하시니 그렇게 받아들였다. 그래서 당신도 심원사의 공 체험으로 세상만물의 도리에서 확연해졌으니 돈오頓悟한 것으로 알고 이제는 점수漸修해서 미세 망념만 비워가면 된다고 인식하였다. 그때 고우 스님 나이 서른다섯이었다.

지유 스님이 1972년에 봉암사 주지를 내려놓고 범어사 원효암으로 기지, 지유 스님을 형처럼 따르던 고우 스님도 그를 따라 범어사 원효암에서 지냈다. 얼마 뒤 지유 스님이 범어사 주지를 맡게 되자 고우 스님은 본사의 교무를 맡아 몇 철 지유 스님을 모시고 소임을 살았다. 불법의 이치를 밝혔을 뿐 아니라 사무에도 밝았던 고우 스님은 무탈하게 잘 살았다.

1975년 봄 범어사 소임을 마친 고우 스님은 남해 용문사 염불암으로 가서 쉬고 있었다. 우리나라에 용문사龍門寺라는 이름을 가진 절 중에서 양평과 예천, 그리고 남해에 있는 세 용문사가 유명한데 모두 조선 왕실의 후원으로 중창된 유서 깊은 사찰이다. 조선의 국토가 용의 기운으로 웅비하라는 뜻을 갖고 있으며 흔히 양평은 용의 머리, 예천은

단전, 남해 용문사는 꼬리에 비유한다. 용은 하늘을 날 때 꼬리가 가장 활발하니 남해 용문사가 그런 기운을 지닌 도량이다.

남해 용문사가 자리한 호구산虎丘山에는 여러 전설이 있는데 지리산 살던 호랑이가 섬이었던 남해로 와서 이 산에 살았다고 한다. 호구산을 멀리서 보면 호랑이가 앉아 있는 모습이니 참 어울리는 산 이름이다. 이 산에 남해에서 가장 오래된 절 용문사가 있다. 남해는 본래 섬인데 1973년 남해대교가 개통되어 육지와 연결되었다.

남해 용문사는 원효대사를 비롯한 숱한 고승들이 수행한 빼어난 도량이다. 조선조 임진왜란 때 사명대사가 의승군들과 함께 주둔하였다는 기록이 있고, 근세에는 3·1독립선언서에 서명한 33인 중 한 분인 용성 스님도 주석하셨다. 성철 스님도 봉암사에서 결사하다가 전쟁 때 피난하여 기장 묘관음사, 고성 문수암, 통영 안정사, 창원 성주사를 거쳐 1955년 하안거를 남해 용문사 백련암에서 지냈다.

고우 스님이 용문사 염불암에서 머물 당시 용문사 주지가 백졸 스님이었다. 백졸 스님은 성철 스님의 따님인 불필 스님과 함께 출가한 친구였다. 백졸 스님이 용문사 주지로 왔으니 출가 도반인 불필 스님도 용문사에 와서 같이 정진하고 있었다. 비구니 스님이 용문사 주지를 맡고 있었지만, 고우 스님은 큰절에서 10분 정도 걸어 올라가는 염불암에서 정진했다.

염불암은 용문사에서 가장 높은 곳에 자리하여 한눈에 멀리 남해바다가 보이는 풍광이 빼어난 보임터였다. 당시 염불암에는 인법당과 법당 옆 방 한 칸이 전부여서, 고우 스님이 그 방을 쓰고 서옹 스님의 상좌 무량 스님이 인법당에서 정진했다. 염불암 아래에 백련암이 있는데, 성철 스님은 그 백련암에서 한 철 사시면서 포행할 때 염불암으로 올라와 시원하게 펼쳐진 남해바다를 내려다보았다고 한다.

용문사 염불암에서
성철 스님께 돈오점수로 대들다

고우 스님이 염불암에서 유유자적하며 소요하던 1975년 여름 어느 날, 갑자기 해인사 방장 성철 스님이 암자에 올라오셨다. 상좌 천제 스님과 시자 원타 스님이 수행하여 왔다. 고우 스님은 깜짝 놀랐다. 알고 보니 예전 용문사 백련암에서 한 철 계실 때 염불암으로 포행 와서 내려다본 바다 전망이 좋아서 하루 쉬러 오셨다는 것이다.

고우 스님은 성철 방장스님이 오시자 당신이 쓰던 방으로 모셔서 쉬게 해드렸다. 그리고 속으로 이렇게 생각했다.

"마침 잘됐다! 우리 선방에서는 보조 스님 이래로 돈오해서 점차 미세 망상을 없애가는 돈오점수를 깨달음으로 알고 있는데, 성철 스님이 '돈오점수는 교학에서 하는 말이고, 선은 돈오돈수다. 화두 참선해서 확철히 깨치면 돈오고 돈수다'라고 하시니 통 영문을 알 수가 없다. 오늘 이렇게 뜻밖에 만났으니 하늘이 준 인연이다. 왜 그렇게 말하는지 따지고 물어보자."

이렇게 굳은 결심을 한 고우 스님은 가사와 장삼을 수하고 성철 스님이 계시는 방으로 들어가서 정중히 삼배를 드리고 나서 앉아 다짜고짜 말을 던졌다.

"스님, 돈오점수가 맞지 않습니까?"

이 말이 떨어지자마자 성철 스님은 획 돌아누워버리셨다.

그렇게 누워서는 한 마디도 대꾸가 없었다. 너무나 뜻밖의 성철 스님 행동에 고우 스님은 당황하여 더 말을 붙일 수 없어 우물쭈물하다가 할 수 없이 그냥 물러 나오고 말았다.

이렇게 하여 1975년 남해 용문사 염불암에서 이루어졌던 고우 스님과 성철 스님의 역사적인 첫 만남은 허망하게 끝나고 말았다. 불교사에서 가장 큰 쟁점이었던 "깨달음이 돈오돈수냐? 돈오점수냐?" 하는 법의 문제를 두고 고우 스님이 당대의 대선지식 성철 스님에게 대들었지만, 성철 스님이 보인 뜻밖의 대응에 고우 스님이 더 촉발하지 않으면서 법전法戰은 그렇게 끝이 났다.

고우 스님은 훗날 각화사 동암에서 또 한 번 큰 체험을 한 뒤, 성철 스님의 『선문정로禪門正路』를 보고 나니 성철 스님이 그때 획 돌아누우신 기행이 그대로 훌륭한 법문이었고, 그때 더 대들어 법문을 다그쳤어야 했는데 그것을 몰랐다면서 두고두고 아쉬워했다.

성철 스님 시자 원타 스님의 회고

이날 성철 스님 시자로 따라왔던 원타 스님은 선배인 고우 스님을 늘 가까이하였다. 어느 날 고우 스님이 용문사 염불암에서 성철 스님에게 대든 이야기를 하자, 원타 스님은 당신이 그때 시자로 따라갔었다며 두 분이 그때의 이야기를 재밌게 나눴다고 한다.

2021년 8월 고우 스님이 봉암사에서 입적하시고 전국선원수좌회 장례를 치를 때 총도감을 맡았던 원타 스님에게 이 이야기를 물으니 이렇게 회고하였다.

> “1975년 해인사 백련암에서 시자로 성철 스님을 모시고 살던 여름 어느 날, 노장께서 바람 쐬러 가자 하시어 따라나서니 남해 용문사로 갔다. 마침 용문사에 불필 스님과 백졸 스님이 있었다. 성철 스님이 ‘너그들이 둘이나 여기 웬일이고?’ 하고 놀라시면서 인사도 안 받고 바로 염불암으로 올라가셨다. 그곳에는 고우 스님하고 서옹 스님 시봉인 무량 스님 두 분이 있었다. 그때 염불암에는 세 칸짜리 인법당과 붙은 방 한 칸이 전부라 작은 방에 노장이 쉬시고, 우리는 잘 데가 없어 큰절로 내려와 객실에서 잤다. 노장께서 갑자기 용문사 염불암에 가게 된 것은 예전에 용문사 백련암에 한 철 살 때 염불암에서 바라본 남해바다 풍치가 좋아서 그걸 한 번 보러 가자 해서 갔는데 마침 고우 스님이 계시어 만나게

된 것이다."

참으로 묘한 인연이 아닌가? 성철 스님이 여름에 시원한 바다를 보러 가자고 나서서 남해 용문사로 갔는데 마침 불필 스님과 백졸 스님이 있었고, 바다가 보이는 염불암에는 고우 스님이 있었으니 말이다.

이날 염불암에서 처음으로 성철 스님을 친견한 고우 스님은 당시에 돈오점수를 기준으로 돈오한 뒤 점수한다고 생각하고 있었기에 성철 스님의 돈오돈수를 잘 알지 못했다. 그래서 돈오돈수 대장 성철 스님이 느닷없이 나타나자 대들었던 것이다. 하지만 그때는 안목이 아직 미진하여 성철 스님이 획 돌아누운 법문을 알아차리지 못하고 그만 그렇게 물러서고 말았다.

조계사 재무 소임
두 달 살이

봉암사에서 서옹 스님께
『서장』「이참정공」편을 묻다

고우 스님은 서옹 스님과도 가깝게 지냈다. 수좌 도반들과 봉암사를 정화한 뒤 서옹 스님을 조실로 모셨다. 이때 대효 스님도 봉암사에서 모시고 살았고, 미산 스님도 행자로 있었다. 봉암사가 다시 수좌 도량의 면모를 회복하고 선풍을 진작하는 데 서옹 스님도 각별한 원력을 행하셨다. 봉암사 조실로 계시면서 결제 중임에도 수좌들에게 『임제록』 강설을 하신 것이다. 봉암사가 구산선문 전통과 결사 정신을 이어서 선풍을 회복하고 조실 서옹 스님이 『임제록』 강설을 하자 제방에 화제가 되었다.

서옹 스님이 봉암사 조실로 계실 때 고우 스님과 일화가 하나 있다. 서옹 스님은 성철 스님, 향곡 스님과 1912년 임자생 동갑으로 아주 가까운 도반으로 지냈다. 이 세 분은 돈오돈수가 선문禪門의 정통이라는 입장도 같았다. 그때 고우 스님은 돈오점수 공부를 하고 있던 때라 성철 스님에게 대들었지만, 서옹 스님에게도 물어보고 싶었다.

어느 날 봉암사 조실채로 서옹 스님을 찾아뵙고 물었다.

"스님, 『서장』「이참정공」 편에 나오는 '이치는 문득 깨닫는 것이라 깨달음을 따라 아울러 녹여가지만, 일은 홀연히 제거할 수 없으니 차제에 따라 없애야 한다'는 대목을 어떻게 생각하십니까?"

"나는 아직 『서장』을 안 봤어. 『서장』을 한 번 가져와보지."

의외의 말씀이었다. 백양사 만암 스님 문하로 출가하여 제방 선원에서 정진하시다 일본 교토 임제대학에서 공부하시고 돌아와 선방에서 정진하시고 조실까지 되신 분이 간화선의 교과서라 하는 『서장』을 아직 보지 않았다니 뜻밖이었다. 그래서 봉암사 경내에서 『서장』을 구해 가져다 「이참정공」 편을 보여드리니 보시고 이렇게 말씀하셨다.

"이 편지는 대혜 스님이 거사들에게 하는 것이라 방편으로 하신 말씀 같다. 대혜 스님은 임제종 명안 종사이시니 확철대오가 돈오의 기준인 분인데 깨달은 뒤 점차 닦는 말씀을 하실 리가 없다. 이렇게 말씀하신 것은 방편이거나 아니면 후대에 누가 첨삭한 것 같다."

서옹 스님의 이 말씀이 당시로서는 이해가 되지 않았다. 후일 이 『서장』「이참정공」 편 문제를 성철 스님에게도 다시 물어보았다. 성철 스님 역시 "『서장』이 여러 본이 있는데, 그 대목은 누가 첨삭한 것 같다. 법으로 보면 대혜 스님 사상과는 어긋나는 말씀이다."라고 하셨다

조계사에서
재무 소임을 살다

1974년 7월에 서옹 스님이 조계종 제5대 종정에 추대되어 취임하였다. 그 1년 뒤인 1975년 10월에는 평소 은사처럼 존경하고 따랐던 서암 스님이 종단 총무원장으로 올라가셨는데, 얼마 되지 않아 고우 스님을 조계사로 불렀다. 가서 뵈니 조계사 소임을 좀 살아달라고 부탁하셨다. 이렇게 하여 고우 스님은 느닷없이 조계사 재무로 서울 생활을

하게 되었다.

그때 서암 스님 직전 총무원장이 경산 스님이었는데, 총무원 집행부의 여러 문제가 드러나 사퇴하고 서대문 형무소에 갇혀 있었다. 이에 종정 서옹 스님은 원적사에 계시던 서암 스님을 총무원장으로 모셔 오고 싶어 여러 차례 편지를 보냈으나 서암 스님이 고사하였다.

서암 스님은 1969년 봉암사 제2결사 당시 초기에는 봉암사에 왕래하셨지만, 주로 원적사에 계셨다. 서암 스님의 회고록 『그대, 보지 못했는가』를 보면, 당시에 서암 스님에게 서울 조계사로 올라와서 종단 소임을 맡아달라는 권유가 여러 차례 있었으나 스님이 가지 않았다고 한다. 그런데 하루는 종단 정화의 큰 공로자이며 노장이신 대희 스님과 비룡 스님이 종정 서옹 스님의 편지를 가지고 직접 원적사로 찾아와, 종단이 어려운 상황이니 서울로 가서 총무원장을 맡아달라 간곡히 말씀하시어 하는 수 없이 조계사로 와서 총무원장을 하게 되었다 한다.

당시 총무원 상황은 참으로 어려웠다. 전임 총무원장이 비리로 구속되어 있었고, 종정 서옹 스님 측근에는 모사꾼들이 득실거렸다. 그런 현실에서 서암 스님은 서옹 스님을 모시고 종단을 바로 세워보려고 봉암사 수좌들을 서울로 오라 해서 소임을 맡긴 것이다. 조계사 휴암 스님에게는 주지 소임을, 고우 스님에게는 재무를 맡겼다.

어려운 조계사 운영과 살림을 일신하다

당시 조계사는 별 수입도 없었고, 신도도 많지 않았다. 대처승을 종단 밖으로 내보낸 정화 뒤 비구승 중심으로 종단이 운영되었으나, 출가하여 참선 수행만 하던 비구승들이 종단과 사찰 소임을 맡아 운영하려니 미숙할 수밖에 없었다. 거기에 더하여 문중과 본사 사이의 이해관계가 부딪치니 갈등이 끊이지 않았다. 종단 소임자들도 수시로 바뀌었고, 조계사 주지도 역시 그러했다. 그래서 조계사 주변의 불자들도 조계사에 정을 붙이고 시주하거나 봉사하는 이가 많지 않았다. 심지어 조계사 소임 스님들도 밤이 되면 양복을 입고 외출하거나 술집 출입을 하는 등 승풍이 타락하니 뜻있는 불자들의 불신과 지탄을 받고 있었다.

이런 현실을 잘 아는 서암 스님과 고우 스님 등 수좌들은 조계사 운영을 혁신하기로 했다. 먼저 조계사 소임 스님들에게 조석 예불을 반드시 하게 하고 절 공양을 하게 해서 외부 식당 출입을 금했다. 또 조계사 방사의 텔레비전을 다 없애는 등 수행 도량다운 청규를 시행했다. 서암 총무원장을 비롯하여 소임 스님들이 솔선수범하고 아침 일찍 도량 청소까지 직접 하니 불자들의 인식이 달라지기 시작했다.

여기에 더하여 조계사에 선방을 만들었다. 출가하여 산중에서 참선하던 수좌들이 절 소임을 맡았으니 자연 선방이 필요했다. 또 조계종의 대표 사찰에 선방이 없다는 것도 말이 되지 않았다. 그리하여 지금은 없어진 조계사 정화기념관 2층 큰방을 선방으로 만들어 중앙선원이라 이름 붙이고 정진을 시작했다.

조계사 신도들뿐 아니라 주변 불자들의 반응이 한 달 만에 확 달라졌다. 수행을 본분으로 하는 수좌들이 조계사를 일신하고 있다는 입소문이 나더니 드디어 일간 신문에도 기사가 크게 나기 시작했다. 비구-대처 정화의 후유증으로 조계사는 싸우는 곳인 줄 알았는데, 수좌들이 여법하게 수행하고 전법 교화하며 모범적인 생활을 하니, 스님다운 스님들이 왔다고 시주 공양 보시가 늘어나 조계사 재정도 튼튼해졌다. 한 달도 되지 않아 일어난 큰 변화의 바람이었다. 서암 스님은 당시 상황을 회고담에서 이렇게 말했다.

> "나는 깨끗한 학승 출신인 휴암 스님을 주지로 하고 고우 스님을 재무로 하여 조계사의 살림을 일신토록 하였다. 그 스님네들은 지성을 다하여 열심히 일해줬다."[9]

조계사 일을 마치고 산으로 돌아오다

수좌들이 맡은 조계사 운영이 여법해지고 재정이 튼튼해지자 이것이 또 문제가 되었다. 호사다마好事多魔였다. 수좌들이 조계사 운영을 맡아 재정이 좋아졌다는 소문이 나자 조계사 주변의 사판승들과 협잡배들이 고깃덩어리 쫓는 개미 떼처럼 몰려들어 조계사와 총무원을 그냥 두지 않았다. 더구나 총무원장 서암 스님이 일간 신문에 좋은 내용으로 인터뷰가 크게 나자 종정 스님 측근들은 이러다 종단이 서암 스님에게 넘어갈 수도 있다는 식으로 말하면서, 서암

---

9 서암. 『그대, 보지 못했는가』, 정토출판, 2013.

총무원장을 견제해야 한다며 이간질을 시작했다.

그 뒤 총무원에서 추진하려던 계획이 종정 스님에 의해 번번이 막히고 뒤집히자 서암 스님은 더 일할 수 있는 상황이 아니라고 판단했다. 임기를 시작한 지 두 달도 되지 않았지만 서암 스님은 수좌들과 상의하여 사표를 쓰고 다시 봉암사로 돌아오고 말았다. 고우 스님도 서암 스님을 따라 산으로 돌아왔다.

봉암사에 선원을 세워 구산선문의 전통을 잇다

대중에게 떠밀려 봉암사 주지를 맡다

고우 스님이 40세가 되던 1977년 어느 날, 법연 스님과 법화 스님 등 1969년 결사를 위해 봉암사에서 동고동락했던 대중들이 봉암사로 고우 스님을 불렀다. 가보니 스님에게 주지를 맡으라고 했다. 스님은 거절했지만 대중들이 거듭 강하게 권했다. 스님은 하는 수 없이 객실에 걸망을 두고는 몸만 몰래 빠져나와 도망을 갔다. 그랬더니 봉암사 대중들이 걸망에서 신분증을 찾아 서류를 꾸민 뒤 총무원으로 가서 고우 스님 명의로 주지 임명장을 받아 왔다.

봉암사 대중들은 고우 스님에게 주지를 맡길 뜻이 확고

했던 것이다. 고우 스님도 도반들의 뜻이 워낙 완고하고, 이미 주지 임명장까지 받아놓았으니 어쩔 도리가 없었다. 그렇게 해서 봉암사 주지직을 맡아 1977년부터 1979년까지 2년 동안 봉암사에서 다시 살게 되었다.

사실 고우 스님은 그때까지도 종단 승적僧籍을 만들지 않고 출가 생활을 해왔다. 당시만 해도 종단 정화 후유증과 종무 행정 미비로 승적 없이 승려 생활하는 분들이 많았다. 다만 사찰 주지를 맡으려면 승적이 있어야 했다. 봉암사 대중들도 고우 스님이 승적이 없다는 것을 그때야 알았다. 그래서 고우 스님 모르게 급하게 승적을 만들다 보니 스님의 출가 이력과는 전혀 다른 승적이 되어버렸다.

스님의 출가 본사는 직지사이고 은사는 법희 스님인데, 승적에는 백양사가 본사이고 은사가 서옹 스님으로 되어 있었다. 또한 스님 속명도 김정원金丁院인데 김정완金丁浣으로 기록이 잘못되었다. 이것은 호적 담당 공무원의 실수 때문인데, 스님이 이것을 바로잡으려 했으나 절차가 번거롭고 귀찮아 그대로 두었다. 어쨌든 봉암사 대중 스님들은 주지 임명장을 받기 위해 고우 스님 모르게 스님의 승적을 급히 만들게 된 것이다.

승적을 만들지
않았던 이유

고우 스님은 왜 출가한 1961년부터 1977년까지 16년 동안이나 정식 승적을 만들지 않았을까? 스님은 출가 수행자로 확신이 없었기 때문이라 하셨다. 스님은 공·사석을 막론하고 심지어 많은 대중들에게 법문할 때에도 당신은 부처님 법이 좋아 발심 출가한 것이 아니라 폐결핵으로 인한 도피성 출가였다고 말씀하셨다.

스님은 불치병에 걸리고 의지하던 모친이 돌아가시자 삶을 포기하는 심정으로 산세 깊은 수도산 수도암으로 가서 머리를 깎았다. 그곳에서 부처님의 가르침을 만나 마음이 밝아지자 신기하게도 병은 저절로 나았다. 그 후 훌륭한 선지식을 만나 불교 공부가 깊어졌고, 발심하여 선방에서 대중과 더불어 정진도 잘했다. 나아가 수좌 도반과 함께 봉암사를 정화하여 구산선문과 결사의 전통을 잇기 위해 남다른 노력을 했다. 더구나 1971년 도장산 심원사에서 좌선 중에 깨달아 돈오점수의 돈오를 했다고 자신했다. 그럼에도 여전히 출가 수행자의 길에 대한 번민과 갈등이 남아 있었다고 하니 뜻밖이 아닐 수 없다.

쌍용그룹 김 회장의 통 큰 시주

1977년에 주지를 맡은 고우 스님은 당시 봉암사에서 가장 시급한 일이 불사, 즉 대중이 한곳에 모여 정진할 선방을 짓는 것이라 판단하였다. 그때 봉암사에는 선방이 없어 법당과 극락전 등 여러 전각에서 각자 정진하고 있있다. 선원의 청규도 규율도 없이 각자 알아서 자율 정진하는 형편이었다. 이에 고우 스님은 선방을 지어 여법하게 같이 정진하는 불사를 생각한 것이다.

하지만 봉암사는 신도도 재산도 별로 없는 깊은 산중 사찰로, 대중이 근근이 먹고사는 가난한 도량이라 불사할 방도가 없었다. 그런데 1977년 어느 날, 쌍용그룹의 김석원 회장이 봉암사를 참배하러 와서 하룻밤 자고 가게 되었다. 쌍용그룹 김 회장의 모친 김미희 여사는 독실한 불자로 당시 조계종 큰스님들께 공양 잘하기로 소문난 대보살이었다. 그런 대보살의 맏아들인 김 회장은 봉암사가 외가 근처라 가끔 들르곤 했는데, 잘 방이 마땅치 않자 고우 스님이 주지실에서 같이 자자고 하였다.

하룻밤 같이 잔 다음 날, 김 회장은 봉암사에 방사가 없는 것을 보고는 고우 스님에게 당우를 하나 지으라면서 시주하겠다고 하였다. 뜻밖의 제안에 고우 스님은 지금 봉암사에 급한 것이 선방이니 선방을 지어달라고 하였다. 김 회장이 "선방 짓는 데 얼마나 필요한가요?" 하고 묻자, 고우 스님은 세상 물정을 모르고 "한 천만 원이면 안 되겠습니까?" 하고 얼떨결에 말했다. 그런 대화를 나누고 김 회장은 서울로 갔는데 얼마 지나지 않아 쌍용그룹 사람이 천만 원을 가지고 봉암사에 왔다.

그렇게 쌍용그룹 김 회장의 시주로 선원채를 52평으로 제법 넓게 지었다. 선방을 다 지었는데도 돈이 좀 남아서 화장실을 더 지었다. 이 봉암사 선방을 보고 오가는 스님들은 저런 건물을 어떻게 천만 원으로 지었느냐고 2~3천만 원은 들어야 한다고들 했다.

실은 고우 스님이 이 선방채를 짓는 데 돈을 아낀 방법이 있었다. 경북 북부 지방 마을에는 한옥이 많았다. 한옥 중에 선방으로 쓸 만한 집을 싸게 사서 목재를 재활용하고 새 기와를 올려 52평짜리 선방을 지은 것이다. 목재 중에

낡은 것은 새것으로 바꾸었는데, 돈을 절약하기 위해 봉암사 사찰림의 나무를 베어다 활용했다. 이렇게 알뜰하게 시주금을 아껴서 불사하니 힘은 들어도 불사가 원만했다.

봉암사 조실로 서암 스님을 모시다

봉암사에 선원을 새로 짓고 20여 명의 수좌들이 한방에 모여서 정진하니 비로소 규율도 서고 정진 분위기가 갖춰졌다. 선방이 들어서면서 봉암사가 구산선문과 결사도량의 면모를 회복한 것이다.

선원을 재건한 고우 스님은 봉암사에 선풍을 다시 일으키려면 선지식을 조실로 모셔야 한다고 생각했다. 당시 봉암사 조실채는 서옹 스님이 종정으로 취임하신 이래 비어 있었다. 서암 스님이 가까운 원적사에 주석하며 봉암사를 좋아하시어 자주 다녀가셨지만 살지는 않으셨다. 서암 스님은 고우 스님의 간곡한 청에 봉암사 대중을 위해 안거 결제와 해제 법문을 해주러 오셨지만 머물지 않고 곧 떠나버리셨다.

고우 스님이 봉암사 용상방龍象榜의 조실祖室 자리에 서

암 스님 이름을 붙여놓으면 서암 스님은 그것을 떼서 선덕善德 자리에 붙여놓고는 하셨다. 그래서 고우 스님은 선방을 다 지은 뒤 용상방 위에 나무로 서암 스님이라 쓰고는 못으로 박아놓았다. 그런 다음에는 서암 스님도 떼지 않았다. 이렇게 하여 봉암사에 선원이 갖춰지고, 서암 스님이 조실로 주석하니 선풍이 되살아나게 되었다.

두 번의 깨달음을 돌아보다

치욕의 10·27법난 수습에 나서다

전국 사찰에 들이닥친 총 든 군인들

고우 스님은 선원 불사를 마치고 봉암사가 여법한 수행 도량으로 복원되자, 이제 주지 소임을 할 만큼 했으니 수행의 본분으로 돌아가자 생각했다. 2년 만에 주지직을 내놓은 고우 스님은 후임 주지로 도범 스님을 모시고 당신은 산내 암자인 백련암으로 물러앉았다.

1980년 가을, 희양산은 형형색색의 가을 단풍이 절정이었다. 아름다운 봉암사의 10월 어느 날, 고우 스님이 백련암에서 아침 공양을 하고 큰절 봉암사로 내려갔는데 도량

분위기가 싸늘했다.

새벽에 총칼을 든 군인들이 청정도량 봉암사에 들이닥쳤던 것이다. 그러고는 조실스님을 비롯한 모든 대중을 마당 가운데에 모아놓고 신원 조사를 하고 있었다. 군인들이 조실스님을 맨 앞으로 해서 스님들을 쭉 세워놓고는 "번호!" 하니까, 조실스님을 포함한 스님들이 "하나!", "둘!", "셋!" 하면서 군대식으로 기합을 넣고 있었다.

그것을 본 고우 스님은 부아가 나서 일부러 주지스님한테 큰소리를 쳤다. 조실스님을 어찌 저렇게 모시느냐고. 그제야 군인들이 좀 부드러워졌다. 그렇게 군인들이 봉암사 스님들을 조사했지만, 청정도량 봉암사에서 정진하는 스님들은 뭐 책잡힐 게 없었다.

그런데 좀 더 알아보니 전국 모든 사찰에 군인들이 총을 들고 들이닥쳤고, 그중 상당수의 본사 주지스님들이 잡혀갔다고 했다. 더구나 서울 조계사에서는 총무원장 스님을 비롯한 집행부 스님들까지 다 잡혀갔다는 소식이 들렸다.

성철 스님이 주석한 가야산 해인사에도 총을 든 군인들이 들이닥쳐 법당을 에워쌌다. 권총을 찬 군인이 백련암까지 올라와서 "성철이가 누구야!" 하고 무도하게 소리치며 성철 스님을 찾았다고 한다. 마침 시자 원택 스님이 기지를 발휘해서 "큰스님이 산으로 산책을 가셨는데, 한두 시간은 걸리니 기다려야 한다."고 한 뒤 군인을 잘 구슬리니 좀 기다리다 자기들끼리 연락하고는 그냥 돌아갔다고 한다.

전두환 군사정부가 벌인 전대미문의 사건

1980년 10월 27일 새벽, 총을 든 군인들이 전국 사찰 3천여 곳을 급습했다. 군화를 신은 채 법당에 들어가고, 영장도 없이 요사채를 수색하고 스님들을 연행해 가는 전대미문의 이 사건이 바로 10·27법난法難이다.

이에 앞서 1979년 10월 26일에 박정희 대통령이 심복인 중앙정보부장에 의해 시해되자 군 보안사령관 전두환은 육사 동료와 후배들을 규합하여 군사반란을 일으켜 권력을 장악했다. 그러자 1980년 봄, 이에 반발하여 대학가를 중심으로 민주화 시위가 거세게 일어났다. 군부는 계엄령을 선포하고 정치 지도자들을 대거 구속, 감옥에 보내고 대학에도 탱크와 군인들을 보내 학생들을 탄압했다. 특히 민주화 시위가 격렬했던 광주에는 공수부대를 투입하여 수많은 광주 시민을 살상하고 대통령이 되었다.

총칼을 앞세워 탄생한 전두환 군사정권은 사회 전반을 통제하기 위해 소위 '정화운동'을 추진하였는데, 정치와 종교의 분리가 헌법으로 보장되어 있음에도 불구하고 종교계에까지 개입하였다. 한국 주요 종교 가운데 개신교나 천주교는 미국 등 서양 열강과 연계가 끈끈하여 통제하기가 어려웠지만, 불교는 세계의 눈치를 볼 게 없었다. 더구나 당시 총무원장 월주 스님은 정부를 지지해달라는 요구를 '정교분리 원칙'을 내세워 거절하여 군부의 미움을 받았고, 종단 내에서도 내부 갈등이 벌어졌었다.

군부는 10월 24일 보안사령부에서 '불교계 정화수사 계획(45작전계획, 조계종 총무원 주소인 '견지동 45번지'에서 유래)'을 수립하고 계엄군을 동원하여 군사작전 하듯이 1980년 10월 27일 새벽 전국 3천여 사찰에서 법난을 자행한 것이다.

법난 수습을 위해 봉암사 선승들이 나서다

10월 27일, 봉암사에서 군인들이 망동을 하고 나간 뒤 대중들은 공사를 열어 도대체 무슨 일이 일어났는지 알아보자고 몇 사람을 뽑아 서울로 보냈다. 그때 활성 스님(지금 사단법인 고요한소리 회주), 지환 스님과 고우 스님이 서울로 올라가게 되었다. 서울 조계사에 도착한 지환 스님은 봉은사 대학생 수도원에서 같이 공부한 전창렬 대령이라는 군인 일행을 만나게 되었다. 지환 스님은 전 대령이 독실한 불자로 당시 군부의 고위 법무관이라 소개하며 그 일행들과 대화를 시작했다.

당시 활성 스님은 출가한 지 5년밖에 되지 않은 늦깎이였지만, 서울대 정치학과를 나와서 기자 생활을 하다 출가하여 논리 정연하게 말을 참 잘했다. 더구나 전 대령도 같은 대학 출신이라 대화가 잘 통했다.

밤늦도록 많은 이야기를 나누던 중 활성 스님은 연행되어 간 총무원장 월주 스님을 비롯한 스님들을 석방하라 요구했다. 군인들은 그 말을 듣고 긍정적인 답을 하더니 갑자기 봉암사 수좌들에게 사태를 수습해달라고 요청했다.

군인들은 권력을 믿고 조계종 총무원장을 비롯한 교구본사 주지 스님들을 연행했으나, 총무원이 비어 기능이 정지되니 수습이 난망했던 것이다. 처음에는 신망받던 광덕 스님께 수습을 부탁했는데, 스님이 산으로 가버려 봉암사 수좌들에게 부탁하게 된 것이다. 고우 스님 일행은 봉암사로 돌아가 공사를 열어 이 문제를 논의한 끝에 위기에 빠진 종단을 누군가 수습해야 하니 봉암사 수좌 대중이 나서기로 결의했다.

고우 스님과 활성 스님은 선승으로 교구본사 주지 경험이 있는 탄성呑星(1930~2004) 스님이 수습의 적임자라 보고 총책임을 맡아달라고 청했다. 탄성 스님은 처음에 거절하다가 고우 스님과 활성 스님의 설득에 "죽더라도 같이 하자."고 하시며 호응했다. 그리하여 총무원장(불교정화중흥회의 의장)에 탄성 스님이 추대되고 고우 스님이 총무부장, 활성 스님이 원장 사서실장을 맡았다. 기획실장에는 법정 스님이 이름만 걸고 참석하지 않아 적명寂明(1939~2019) 스님이 기획실장 대행을 했다.

총무원에서 법난을 수습하다

1980년 11월 3일, 총무원과 중앙종회의 전권을 위임받아 정화중흥회의라는 비상기구가 출범하여 사태 수습에 나섰다. 총무원 총무부장 소임을 맡은 고우 스님은 "당시 얼마나 힘들었는지 밤도 많이 새고 그러다가 몇 번 쓰러지기도 했어요. 행정을 잘 모르니까 아침에 시작한 종무회의가 점심때까지 이어졌어요. 직원과 군인들이 맨날 회의만 하다가 날 샌다고 핀잔을 주기도 했어요."라고 회고하였다.

그렇게 11월에 시작한 소임은 이듬해 1981년 2월까지 4개월 동안 이어졌다.

고우 스님은 온 힘을 다해서 일했다. 소임을 맡자마자 가장 먼저 총무원장 월주 스님을 비롯하여 강제 연행된 스님들의 석방을 요구해서 관철시켰고, 압수한 개인 물품도 돌려주게 했다.

또, 「대한불교」가 군부의 언론 탄압으로 발행이 중지되었기에 다시 복간하려 하자 군부가 반대했다. 수좌들도 물러서지 않았다. 이 문제는 적명 스님이 강경했다. 신문을 못 내게 하면 우리는 다 그만두고 산으로 돌아가겠다고 했다. 그래서 「불교신문」이라는 새로운 제호로 창간하는 형식을 빌려 신문을 발간했다. 당시 「대한불교」가 안고 있던 빚 1천여만 원도 싹 갚았다. 「불교신문」 창간호는 1980년 12월 21일자로 발행되었는데, 해인총림 방장 성철 스님의 '한국불교의 전통과 전망-불교중흥을 위한 제언'이라는 말씀이 창간호인 1호와 2호에 걸쳐 크게 실렸다. 이렇게 하여 봉암사 수좌들이 총무원을 맡아 10·27법난을 수습하게 되었다.

법난의 수습과 성철 스님 종정 추대

우여곡절 끝에 조계종 종헌 개정을 이루다

고우 스님은 만 44세 되는 1981년 새해를 서울 조계사에서 맞이했다. 치욕적인 법난을 수습하기 위해 갑자기 시작한 서울 총무원살이가 석 달째 이어지고 있었기 때문이다.

법난 수습과 조계종 개혁의 최대 과제는 종단 운영의 새 틀을 짜는 '종헌宗憲' 개정 문제였다. 조계종의 '종헌'이란 국가로 비유하자면 '헌법憲法'과 같은 것이다. 조계종단 운영의 근본 질서를 규정하는 것이 바로 '조계종 종헌'이다. 그런데 당시 국가 권력을 장악한 군부는 조계종의 힘이 한곳으로 모이는 것이 부담스러웠는지 권한을 분산시키는 교구본사 중심제로 종헌 개정을 요구했다. 하지만 수좌들의 생각은 달랐다. 특히 고우 스님은 본사 중심제로 종단이 운영될 경우 본사에 부정비리가 생겨나 부패해도 통제할 곳이 없다고 생각했다. 이에 따라 스님은 중앙집중제이자 종정과 총무원장 중심제로 종헌 개정을 추진하였다.

그러자 군부에서는 고우 스님을 비롯한 수좌들을 감옥에 집어넣겠다고 협박하였다. 이에 굴하지 않고 수좌들은 중앙집중제 종헌 개정을 추진하였다. 수좌들이 워낙 강하게 나오자 군부는 이간 회유책을 썼다. 자기들과 말이 잘 통하는 총무원 일부 국장스님들을 구슬려 비밀리에 본사 중심제에 서명을 받게 하였다. 나중에 보니 종단 원로의원 스님들도 봉암사 조실 서암 스님을 빼고는 거의 서명을 했고 불교중흥회의 의원들도 서명을 해서 내놓았다.

그러나 탄성 스님을 중심으로 고우 스님, 적명 스님, 활성 스님 등 개혁파 수좌 스님들은 정교분리 시대에 왜 군인들이 불교 종단 일에 간섭하느냐며 강하게 반발했다. 계속해서 군부가 불교 종단 일에 개입하면 수습을 그만두고 산으로 다시 돌아가겠다고 엄포를 놓았다. 또한 봉암사 조실 서암 스님이 나서서 "스님들이 부처님 법을 위하고 종단을 위해야지 어떻게 군인들 말을 듣고 그렇게 할 수 있냐!" 하며 원로 스님들을 설득했다. 수좌 스님들의 이런 노력에 군인들도 물러서지 않을 수 없었다.

고우 스님은 그때 받은 충격과 배신감이 매우 컸다. 당시 군인들의 꾐에 넘어가 서명을 주도하던 한 국장스님은 총무부장인 고우 스님에게 "내가 원하는 절 주지를 주면 서울에 있는 내 절을 스님께 드리겠다."며 거래를 제안하기도 했다. 종단 소임을 공심公心으로 보지 않고 개인의 사사로운 이익을 도모하기 위해 군인들과 내통하는 모습에 참 한심한 생각이 들었고 크게 실망했다. 그 스님은 훗날 종단 개혁 스님들에 의해 멸빈滅擯(승적을 박탈하여 쫓아냄)이 되었다.

이렇게 하여 봉암사에서 법난 수습을 위해 서울에 온 수좌들은 똘똘 뭉쳐 총칼을 앞세운 군인들의 간섭과 압력을 막아내며 두 달 만에 종헌 개정을 성취하였다.

신망받는 분들을 본사 주지로 모시다

고우 스님이 맡은 총무부장은 본·말사 인사권을 가진

자리였다. 스님은 당시 법난으로 실추된 종단의 명예와 분위기 쇄신을 위해 물의를 빚은 본사 주지스님들에게 사표를 받고, 종단에서 신망받는 대덕 스님들을 주지로 모셨다. 총무원장 탄성 스님과 상의하여 월정사에 탄허 스님, 직지사에 관응 스님, 동화사에 범룡 스님, 고운사에 근일 스님 등 덕망 있는 스님들을 교구본사 주지로 모시어 종단 분위기를 쇄신했다.

또한 현대 조계종단 역사에서는 처음으로 출가하는 스님들의 수계 절차를 규정한 단일계단법單一戒壇法을 제정해서 초대 전계대화상으로 자운 스님을 추대하고, 1981년 2월 27일 통도사 금강계단에서 단일계단 수계식을 최초로 거행하였다. 이전에는 스님들이 출가하여도 각 본사와 말사 차원에서 자체적으로 출가 수계를 관장했다. 그러던 것을 조계종단 차원으로 통합하여 수계식과 승적 관리를 시작한 것이다. 종단 역사에서 처음 있는 획기적인 불사였다.

이렇게 하여 조계종단은 법난으로 실추된 위상도 회복하고, 새롭게 제도를 정비하여 수행자의 수계도 단일화하는 종무 체계를 세우게 되었다.

고우 스님은 총무원 살림도 알뜰하게 살았다. 총무원 스님들에게 다방 출입을 금하고 공양도 절에서 하게 하니 자연스럽게 조계사와 총무원 스님들의 청정성도 회복되고 여법한 위의도 갖추게 되었다. 또한 불필요한 경비를 줄여 재가 종무원과 「불교신문」 기자들 월급도 올려주고 「불교신문」도 발행하게 된 것이다.

두 달이라는 짧은 시간이었지만 고우 스님을 비롯한 수좌 스님들은 밤낮없이 혼신의 힘을 다해 일하여 적지 않은 성과를 이루었다. 마지막 남은 것은 후임 종정과 총무원장을 잘 선출하는 일이었다.

시련을 딛고 다시 일어나다

1700년 한국불교 역사에는 많은 법난이 있었다. 특히 조선조 500년간 지속된 숭유억불정책으로 인해 불교는 참으로 긴 고난과 시련의 시간을 보내야 했다. 그러다 개화기에 겨우 숨통이 트이고 경허, 용성 선사와 같은 걸출한 선승들이 출현하여 선풍禪風을 떨쳐 일으켰다. 나아가 일본제국주의자들의 침탈에 맞서 한국불교의 전통을 수호하며 봉암사 결사와 승단 정화운동을 통하여 한국불교를 다시 일으켜 세웠다. 그렇기에 1980년 10·27법난은 다시 한번 찾아온 불교계의 큰 시련이었다. 하지만 강철은 용광로에서 제련이 되고, 땅은 비 온 뒤에 단단해지는 법이다. 한국불교는 이런 법난과 시련을 통해서 다시 일어나야 했다.

고우 스님은 봉암사 수좌 도반들과 함께 조계사로 가서 법난 수습과 종단 바로 세우기 불사에 주도적으로 참여하였다. 총무원 총무부장 소임을 맡아 공심으로 각고의 정진을 다하였다. 비록 2개월의 짧은 기간이었고, 군사정권의 집요한 간섭과 이간책이 있었지만, 총무원 중심의 중앙집중제 종헌을 개정하여 수습의 기반을 마련하였다.

1981년 새해에는 새 종헌에 따라 새 종정과 총무원장을 선출하게 되었다. 특히 한국불교를 대표하고 상징하는 종정에는 불자들뿐만 아니라 국민들에게도 존경받는 분을 모시는 것이 매우 중요했다.

1981년 새 종정에 성철 스님을 추대하다

조계종 종정은 원로회의에서 선출했으니 새 종정을 모

시는 것은 원로 스님들의 뜻이 결정적이었다. 당시 원로 스님들 중에 석주 스님과 서암 스님, 그리고 자운 스님은 종단이 큰 위기 상황인 만큼 종정은 불자들뿐만 아니라 국민들에게도 신망을 받는 분을 모셔야 한다는 데 공감하고 있었다. 해인총림의 방장 성철 스님이 적임자이니 종정으로 추대하자고 뜻을 모았다. 물론 자천타천으로 몇몇 훌륭한 스님들이 거론되었지만, 성철 스님을 추대하자는 데는 이견이 없었다.

정작 성철 스님은 종정 자리를 거절하셨다. 당신이 출가해 참선하면서 일체의 자리에 나서지 않겠다고 맹세했다는 것이다. 석주 스님, 자운 스님, 서암 스님, 광덕 스님 등 여러 원로 스님들이 찾아가서 강하게 설득했다. 특히 자운慈雲(1911~1993) 스님은 성철 스님에게는 사숙師叔이 되는 어른이자 봉암사 결사를 시작한 4인의 결사 도반이었고, 또 1966년 문경 운달산 김룡사에서 해인사 백련암으로 성철 스님을 들어오게 한 분이었으며, 총림이 만들어지자 초대 방장으로 추대한 주역이었다. 이런 인연을 가진 자운 스님이 거절하는 성철 스님에게 이렇게 말했다. "지금 종단이 어려운 때이니 스님은 이름만 걸어두라." 그러자 성철 스님은 하는 수 없이 "일체 자리에 나가지 않는다."는 조건을 걸고는 수락했다.

이렇게 하여 1981년 1월 10일 조계종 원로회의는 종정에 해인총림 방장 성철性徹(1912~1993) 스님을 만장일치로 추대했다. 그리고 새 총무원장에는 마곡사 주지 성수性壽(1923~2012) 스님을 선출했다. 당시 봉암사 조실 서암 스님은 후일 회고록에서 이렇게 말씀하셨다.

> "1981년 정초, 한국불교는 드디어 성철이라는 거대한 정신적 스승을 탄생시키며 깨어났다."[10]

---

10 서암, 『그대, 보지 못했는가』, 정토출판, 2013.

봉화 축서사 시절과 선납회 창립

성철 스님의 종정 취임 법어

서울 조계사에서 지낸 두 달이 마치 20년처럼 느껴졌다. 그만큼 고난의 나날이었지만 나름대로 성과도 있었다. 무엇보다 당시 수좌계나 불자들에게 큰 신뢰를 받던 성철 스님을 종정으로 모신 것은 보람 있는 일이었다. 비록 종단의 원로 대덕 스님들 뜻이었지만 총무원에서 동고동락한 수좌들 입장에서는 간화선의 대종장께서 종정에 추대된 것은 참으로 기쁜 일이었다. 10·27법난으로 한국불교와 승가의 위상이 나락에 떨어진 때에 성철 스님이 최고의 정신적 지도자 자리인 종정에 오르신 것은 한국불교에 새로운 바람이 될 것이란 기대를 갖게 했다.

성철 스님은 조계사에서 열린 종정 추대식에는 가지 않고 그 유명한 법어를 내렸다.

> "원각圓覺이 보조普照하니 적寂과 멸滅이 둘이 아니라.
> 보이는 만물은 관음觀音이요 들리는 소리는 묘음妙音이라.
> 보고 듣는 이 밖에 진리가 따로 없으니
> 아아, 시회대중時會大衆은 알겠는가?
> 산은 산이요 물은 물이로다."

성철 스님의 종정 취임 법어는 세간에 큰 화제가 되었다. 1981년 12월 12일자 「동아일보」는 '81년 「말」의 성찬 기자방담'이라는 기사에서 다음과 같이 평했다.

> "'산은 산이요, 물은 물이로다.' 연초 이성철 종정이 취임 법어를 통해 했던 이 말이 금년 내내 유행했어요. 머릿속이 복잡한 현대인에게 진리가 무엇인지를 통쾌하게 한 마디로 알려줬다 해서 화제가 됐었습니다."

「불교신문」에 실린 황당한 비방

성철 스님의 종정 법어가 세간에 큰 화제가 되고 불교의 위상이 다시 회복될 기운이 보이자 고우 스님은 참으로 홀가분한 마음으로 편안하게 봉암사에서 지냈다. 그런데 얼마 지나지 않아 황당한 소식을 접하게 된다.

스님은 위기에 빠진 종단을 구하고자 온갖 고초를 겪으며 일을 수습하고 종단 빚도 다 갚았다. 명분에 따른 인사도 하고 다방 출입을 금할 정도로 청정하게 총무원 소임을 살았다. 그런데 사태를 수습한 수좌들을 '워커 앞잡이'라 비방하는 글이 「불교신문」에 실린 것이다.

참으로 기가 막혔다. 총무원에 올라간 수좌들이 군부의 온갖 압력에도 굴하지 않고 폐간된 신문을 「불교신문」이라 이름을 바꾸어 발행했다. 회사가 지고 있던 막대한 빚도 다 갚고 직원들 월급까지 올려주고 왔는데 그런 기사가 난 것이다.

가장 어려운 시기에 총무원을 맡아 총무원 부채도 해결하고, 종단에 처음으로 계단위원회와 사미·사미니 단일계단을 만들고, 중앙승가대학 설립까지도 도왔다. 당시 학인들이 찾아와 학교 세울 도량을 구해달라고 하여 개운사에 중앙승가대학이 설립되도록 적극 나섰다. 가장 큰 문제는 종헌 개정이었다. 군부의 온갖 간섭과 협박 회유에도 굴하지 않고 총무원 중앙집중제를 관철시켰다. 종단 안에서 군인들과 내통하며 이간질하던 이들이 자기들 뜻대로 주지 인사 등을 안 해주고 떠나자 이제는 뒤에서 '워커 앞잡이'라고 비난한 것이었다. 워커란 군화이니 '군인 앞잡이'란 비방이었다.

부처님 법이 훼손당하는 법난의 위기 상황에서 부득이한 사정으로 총무원 살림을 맡아 살다 내려왔다. 나름의 보람도 있었으나 종단 내부에 대한 실망도 컸다. 특히 출가승려가 부처님 가르침보다 자기의 사사로운 이익을 위해 군부와 협잡하거나 패거리를 만들어 모략을 일삼는 것을 눈앞에서 직접 겪으니 종단의 앞날이 참으로 걱정되었다.

봉화 축서사와의 인연

법난 수습 뒤 봉암사로 돌아왔던 고우 스님은 워낙 마음고생이 심했던 터라 조용히 지낼 도량을 알아보았다. 마침 봉화 축서사가 빈다는 소식을 듣고 본사인 고운사로 가서 주지 근일 스님을 만났다. 근일 스님은 이름 높은 수좌로 고우 스님이 총무부장 할 때 고운사 주지로 임명장을 준 인연이 있었다. 근일 스님은 고우 스님이 축서사에 가고 싶다 하니 흔쾌히 환영했다. 그리하여 고우 스님은 축서사 주지를 맡게 되었다. 이것은 고우 스님이 주지를 맡게 된 마지막 인연이 된다.

축서사는 고우 스님과 인연이 있는 곳이다. 스님이 처음 출가하여 김천 청암사 강원에서 공부하던 학인 시절 불교정화를 하다가 몸싸움이 났다. 그 일로 경찰이 조사를 하자 고우 스님이 모든 걸 뒤집어쓰고 야반도주를 하여 발길 닿는 대로 가다가 머문 도량이 봉화 축서사였다. 당시 주지 스님이 환대해준 덕에 잘 쉬다가 돌아가 다시 공부에 매진할 수 있었다.

오늘의 축서사는 무여 스님이 주지를 맡은 이후 대작불사를 하여 우리나라에서 손꼽히는 도량으로 탈바꿈하였다. 하지만 1982년 고우 스님이 주지를 맡을 당시에는 문수산 높은 산비탈에 법당 하나와 요사채가 전부였으니 암자나 다름이 없었다.

고우 스님은 가난한 축서사 살림에 공양주를 둘 형편이 안 되어 손수 공양을 해서 먹었다. 그렇지만 아름답고 늠름한 문수산이 포근하게 감싸면서도 빼어난 안대案帶를 가진 도량이라 고우 스님이 쉬기에는 더없이 좋은 곳이었다. 이렇게 고우 스님은 봉화 축서사로 온 뒤 2021년 입적할 때까지 봉화를 떠나지 않았다.

도반 활성 스님과 초기경전에 대하여 탁마하다

고우 스님은 출가하여 강원에서 공부하고 평생 참선 수도하였으니 도반 인연이 적지 않았다. 그중에서도 특별한 도반이 바로 활성 스님이다. 활성 스님은 사단법인 고요한소리를 만들어 초기경전에 나타난 부처님의 가르침을 널리 전한 선구자다.

고우 스님은 활성 스님을 봉암사 선방에서 처음 만났다. 활성 스님은 서울대를 나와서 신문사 기자를 하다 출가한 늦깎이였다. 고우 스님은 당시로선 드물게 수좌로 강원 공부를 하고 경전에도 밝았기에 서울대를 나온 영민한 활성 스님을 만나자 말이 통해서 가까워졌다. 특히 법난 수습을 위해 서울 총무원에 올라갈 때도 동행하였는데, 세속 사정에 밝은 활성 스님의 안목은 고우 스님 등 수좌들의 한계를 보완해주었다. 이렇게 하여 고우 스님과 활성 스님은 더 가까워졌다.

활성 스님은 법난 수습을 위해 총무원 생활을 하면서 종단의 현실을 적나라하게 보고 나자 부처님의 가르침을 따르지 않는 승단에 크게 실망했다. 그래서 선방을 떠나 부처님의 근본 가르침을 공부하기 위해 한문 경전이 아닌 팔리어와 산스크리트어 초기 경전을 공부하게 되었다.

고우 스님은 부처님 가르침과는 다른 한국불교의 현실에 대한 활성 스님의 비판인식에는 공감했다. 하지만 활성 스님이 남방에 전승되는 초기경전을 공부하여 부처님 가르침을 회복하자는 입장인 반면, 고우 스님은 한국불교에서 전통으로 내려오는 선禪을 통해 부처님의 가르침을 바르게 실천하는 것이 대안이라고 바라보는 입장이라 견해 차이가 있었다.

해제 철이 되면 고우 스님과 활성 스님은 한 번씩 만나 밤새도록 법담을 나누었다. 활성 스님은 그동안 공부한 초기경전의 부처님 말씀을 이야기했고, 고우 스님은 대승과 선종의 견해로 반박했다. 이런 견해 차이는 결국 밤샘 논쟁이 될 수밖에 없었다.

수좌 공부모임
선납회의 창립과 활동

초기경전의 가르침을 근본으로 공부해야 한다는 활성 스님과 대승경전과 선이라는 전통을 이어가야 한다는 고우 스님의 탁마는 단순히 개인의 견해 차이를 넘어, 한국불교가 직면한 초기경전과 대승경전 사이에 놓인 사상적인 갈등이었다. 한국에서 불교를 깊이 공부하는 이라면 누구든지 이 문제를 만나게 된다.

어쨌든 고우 스님은 활성 스님과의 인연으로 초기경전에 관심을 갖고 남방 상좌부 승가의 주요 경전과 논서를 정독하며 공부할 수 있었다. 이것은 고우 스님이 대승경전과 선종에 한정된 불교 인식을 초기경전과 남방 상좌부 승가 전통으로 확장해서 이해하는 데 큰 도움이 되었다.

고우 스님은 참선하는 수행자들도 경전과 선어록을 공

부하여 바른 안목을 갖출 필요가 있다는 확신을 가졌고 마침 적명 스님, 현기 스님 같은 수좌 도반들도 같은 생각이었다.

1982년에 고우 스님과 적명 스님은, 수좌들이 결제 철에는 선방에서 정진하고 해제 뒤 산철에는 모여서 경전과 선어록을 공부하자는 뜻으로 선납회禪衲會라는 단체를 만들자는 데 뜻을 모았다. 고우 스님은 혼자 공부하기보다는 선납회를 통해 수좌 도반들과 함께 부처님의 법을 바로 공부하고 선풍을 진작하고자 했다.

각화사 동암에서 깨닫고 돈오점수의 한계를 알다

각화사 동암에서 『단경』을 보고 깨닫다

고우 스님은 봉화와 문수산이 훌륭한 수행 환경을 갖춘 곳이라 생각했지만 주지 소임은 늘 부담스러웠다. 봉암사에서 처음으로 주지 소임을 맡아 선방을 짓는 불사까지 했다. 하지만 주지는 당신의 기질과 맞지 않아 2년여 만에 그만두었듯이 축서사 주지도 부담스러웠다. 그래서 이번에도 2년여 만에 주지를 그만하고자 후임을 구했다. 마침 훌륭한 후배 수좌인 무여 스님이 축서사를 맡겠다고 하여 축서사의 본사인 고운사 근일 스님과 협의하여 인수인계를 해 주었다.

1985년 무렵 고우 스님 후임으로 축서사 주지를 맡은 무여 스님은 오대산 월정사로 출가하여 제방 선원에서 정진하다가 이 무렵 축서사로 왔다. 무여 스님은 산중 오지의 문수산 축서사에 불사 원력을 세우고 대작불사를 성취하고 선원도 열었다.

고우 스님은 축서사를 떠나 지리산 천은사, 수덕사 등 제방 선원을 유력遊歷하다가 1987년 무렵 봉화군 춘양면에 있는 태백산 각화사 동암으로 가서 정진하게 되었다. 태백산 동암은 각화사 동쪽 산 위에 있는 작은 암자로 근세에 많은 수행자들이 거쳐 간 빼어난 수행처다. 법주사 조실을 지낸 금오 스님을 비롯하여 종정을 지낸 혜암 스님, 법전 스님이 동암에서 정진하였다.

어느덧 쉰이 된 고우 스님은 태백산 동암에서 혼자 정진하던 어느 날, 부처님을 모신 법당 겸 선방에서 좌선하다가 심한 피로를 느껴 좌복 위에 그냥 누웠다. 대중이 있으면 그렇게 할 수 없지만 혼자 있으니 누워서 좀 쉬려 했던 것이다. 그런데 올려다보니 부처님이 내려다보고 계셨다. 너무 죄송한 마음이 들어서 일어나 옆에 붙은 지대방으로 가서 누웠다.

머리맡에 책이 한 권 있어 무심코 집어 보니 『육조단경』이었다. 『단경』을 펼쳐 보던 중 우연히 「정혜불이품」 중에 "정定과 혜慧가 둘이 아니다. 정과 혜가 하나가 되어도 비도非道다." 하는 구절을 보고는 벼락이 치는 듯한 충격을 받고 깜짝 놀라서 일어났다. 그동안 스님은 '정과 혜가 하나가 되면 도'라고 생각했는데, 그게 아니라니 이것이 무슨 말인가? 하고는 일어나 그 뒤 구절을 자세히 살펴보았다. "정과 혜가 하나가 되어 통류通流해야 도道다."라는 구절을 보고 큰 깨달음을 얻었다. 그동안 알고 있던 깨달음에 대한 생각과 너무나 달라서 몇 번을 반복해서 읽으니 드디어 확연해졌다.

백척간두 진일보의 뜻을 깨치다

그런데 '정혜가 둘이 아니고 통류해야 한다'는 『단경』의 구절을 알게 되니 또 다른 것을 깨치게 되었다. 참으로 묘했다. 예전에 누가 '백척간두百尺竿頭 진일보進一步'의 뜻을 물었는데 제대로 답을 못 해주고 거기에 막혀서 상당히 고심한 적이 있었다. 그러다 이날 불현듯 '통류通流'를 알게 되니 그 막혀 있던 '백척간두 진일보'의 뜻을 깨치게 된 것이다.

백척간두의 '백 척百尺'은 100자를 말하니 33미터다. 백 척 높이는 불교에서 깊은 뜻이 있는데, 법주사 미륵대불이나 동화사 약사대불 높이가 백 척이다. 백척간두란 백 척 높이의 장대 위라는 말이고, 진일보進一步란 한 걸음 더 내딛는다는 말이다.

백 척 장대 위에서 한 걸음 더 내딛는다 하니 이것이 무슨 말인가? 불교의 궁극적인 깨달음 자리, 구경각究竟覺 자리를 말한다. 이것이 정과 혜가 하나가 된 자리이다. 즉 선정과 지혜가 하나가 된 자리를 백척간두, 백 척 장대 위로 비유한 것이다.

백척간두 진일보라 함은 곧 '백 척 장대 위에 머물러 있으면 깨달음이 아니다. 선정과 지혜가 하나가 되어도 도가 아니다. 하나가 되어 통류해야 한다. 통하여 흘러야 한다.'는 말과 같다는 것을 깨닫게 된 것이다.

고우 스님은 이때 비로소 부처님이 깨친 중도中道를 완

전히 이해하게 되었다. 공空에 대한 작용, 작용과 비작용을 이해하게 되니 남과 비교하지 않게 되었고, 경계에도 휘둘리지 않는 본래 그 자리를 알게 된 것이다. 하지만, 고우 스님은 그 동암의 깨달음이 확철대오는 아니라고 당시의 체험을 다음과 같이 회고했다.

> "정혜定慧가 하나 된 그 자리에서 어떤 경계든 자유자재하게 되었다. 느낌이 트인 것이다. 확철대오의 깨달음은 아니었다. 깨치면 시간에 지배당하지 않고, 경계에 휘둘리지 않는다. 깨쳤는지 못 깨쳤는지는 누구보다도 자기 자신이 가장 잘 안다. 경계에 휘둘리고 시간에 지배당한다면 깨친 것이 아니다.
>
> 깨치지는 못해도 그 후로는 선어록을 보니 재미가 있고, 이해 안 되던 것이 다 이해가 되고, 화두도 알음알이로나마 알게 되었다. 그렇지만 다른 화두는 다 알겠는데 딱 하나가 꽉 막혔다. 그래서 다시 화두를 들기 시작했다."

부처님이 중도를 깨달아 생사의 괴로움을 영원히 해탈하여 대자유를 누리셨는데, 그 중도를 고우 스님은 확실하게 이해하게 되었다. 이것은 중도의 깨달음인 견성성불이 아니고 그야말로 이해, 알음알이로 확실히 알게 되었다는 말이다. 비록 부처님이나 조사 스님들처럼 확철대오는 아니었지만 중도를 확실히 이해하게 되니 더 이상 깨달음에 대한 오해가 사라져 너무나 기뻤다고 뒷날 회상하셨다. 이제 생각으로나 이치로는 다 안 것이다. 분별심으로나마 불교에 대하여 이제 더 이상 의심이나 걸림이 없었다. 이것만 알아도 너무나 기뻤고 행복했다. 이때가 1988년 고우 스님 나이 만 50세였다.

돈오점수의 한계를 알게 되다

고우 스님은 부처님과 조사 스님들이 깨친 중도를 이치로나마 확연히 알게 되니 너무나 기뻤다. 이제 부처님의 깨달음에 대하여 의심이나 혼란이 없어지고 믿음이 확고해졌고 확연했다. 고우 스님은 출가한 이후 그때까지의 불교 공부를 차분하게 돌아보았다.

그동안 고우 스님은 1971년 문경 도장산 심원사에서 공을 체험하고는 깨달았다고, 돈오했다고 생각하였다. '이제 돈오頓悟했으니 점차 전생의 습기와 미세한 망상만 없애면 되겠구나! 남아 있는 욕망과 화도 점차 없애가면 되겠구나!'라고 생각했다. 깨닫고 도인이 되었으니, 어쩌다 욕망이나 분노가 일어나더라도 그것은 전생의 습기 때문이므로 문제 될 게 없다고 생각해왔다. 그런데 이번 태백산 동암에서 '통류通流'와 백척간두 진일보를 깨달은 체험은 도대체 무엇인가?

고우 스님은 심원사 이후 동암까지 스스로의 공부를 점검해보았다. 과연 심원사에서 공을 체험한 뒤 깨달았다고, 돈오했다고 생각했지만, 욕망과 화가 완전히 없어진 것이 아니라는 것을 알았다. 이번 동암 깨달음은 심원사 체험보다 훨씬 더 강력한 체험이고 깨달음이었다. 그러니 이전의 공 체험을 깨달음, 돈오라고 판단한 것은 잘못된 생각이었다는 것을 알게 되었다. 심원사에서 깨달았다고, 돈오했다고 믿었는데, 지금의 안목으로 점검해보니 그것은 부처님께서 알려주신 위없는 바르고 평등한 깨달음, 무상정등각이 아니라 깨달음의 체험이었다..

이런 문제의식을 느낀 고우 스님은 이것을 좀 정리해서

그동안의 혼란을 바로잡아야겠다고 생각하였다. 고우 스님은 동암에서 해제를 하고는 각화사 서암西庵으로 가서 바랑을 풀었다.

돈오돈수로의 사상적 전환

각화사 서암에서 공부를 점검하다

각화사는 태백산 봉우리에서 100리나 뻗어 내려와 각화산을 만든 산줄기가 좌청룡 우백호로 감싸고 있는 천혜의 수행 도량이다. 오대산 월정사 조실이셨던 탄허 스님이 "다섯 용이 여의주를 다투는 형국이다. 인위적으로 만들어도 이렇게는 만들기 어려운 명당이다."라고 격찬한 곳으로, 조선시대 왕조실록王朝實錄을 보관한 사고史庫 사찰로도 유명하다. 지금이야 도로가 잘 만들어져 어느 곳이나 사통팔달이 되었지만 고우 스님이 각화사에 있을 때만 해도 오지 중의 오지였다. 그만큼 공부하기에는 좋은 도량이었다.

고우 스님은 만 50세가 되던 1988년부터 문수산 금봉암을 창건한 2005년까지 17년 동안 각화사 서암에 주석하며 각화사 태백선원 선원장 소임을 맡았다. 이 시기 각화사는 수좌들 사이에서 제2의 봉암사라 불릴 정도로 선풍이 성성했다.

각화사에서 왼쪽 산길로 15분 정도 걸어 올라가면 서암이 있다. 암자라기보다는 토굴에 가까운 세 칸 정도 되는 집이다. 그래도 마당이 제법 넓고 약간의 채전도 있으니 혼자 살기에는 좋은 터였다. 서암 마당에 서면 뒤와 좌우는 산 등줄기가 감싸고 있고, 앞은 확 트여 멀리 청량산 최고봉이 둥글게 보인다. 서암은 6·25전란 중에 한 보살님이 와서 판잣집을 짓고 30년 동안 살았던 곳이다. 이후 한 스님이 와서 불사를 하여 암자의 모양을 갖춘 뒤에 살다가 떠나고, 1988년부터 고우 스님이 들어가서 살기 시작했다.

돈오점수에서 돈오돈수로의 사상적 전환

각화사 서암에 바랑을 풀어놓은 고우 스님은 심원사에

서 체험한 공과 동암에서의 강렬한 체험에 대해 공부를 점검하고 분명한 정립이 필요하다는 생각을 하였다. 특히 그동안 가까이 모셨던 서암 스님, 지유 스님과의 인연으로 돈오점수 공부를 지침으로 해왔는데, 이제는 돈오돈수에 대해서도 공부해봐야겠다는 생각이 들었다.

스님은 시중에 나가서 성철 스님의 『선문정로禪門正路』와 『본지풍광本地風光』 그리고 해인사 백련암에서 발간한 '선림고경총서'와 민족사의 '깨달음총서' 시리즈를 몽땅 구해 와서 책상 위에 쌓아놓고는 한 권씩 읽어나갔다. 예전에는 선어록을 보다 막히는 대목이 더러 있었는데 이제는 술술 읽혔다. 그리고 조사어록 보는 재미가 났다.

그렇게 많은 조사어록과 불교 교리서를 보던 중, 성철 스님이 스스로 "부처님께 밥값 했다."고 하신 『선문정로』를 보고는 "과연 성철 스님이구나!" 하며 탄복했다. 그동안 고우 스님이 참선하면서 느꼈던 돈오점수의 석연치 않은 깨달음, 견성성불에 대한 견해가 『선문정로』에는 명쾌하게 정립되어 있었다. 성철 스님 개인의 주장이 아니라 태고보우 국사와 나옹 스님 같은 우리나라 조사들도 한결같이 말씀하셨고, 또한 간화선을 만드신 『서장』의 대혜종고 선사나 『선요』의 고봉 선사도 같은 법문을 하신 것을 알 수 있었다. 선문의 종장들이 한결같이 말씀하시는 것은 "깨달아 부처가 된다 함은 화두가 오매일여寤寐一如 되어 타파가 되어야 '확철대오廓徹大悟', 무상정등각을 성취하고 생사를 해탈하여 영원한 행복을 누린다는 것"이다.

고우 스님은 훗날 "선문의 바른 견해를 제시한 『선문정로』가 너무 좋아 열 번도 넘게 봤다."고 하셨다. 성철 스님이 고구정녕하게 알려주신 선문의 정로는 돈오돈수라는 것을 확연히 알게 되었다. 1975년에 우연히 남해 용문사 염불암에서 만난 성철 스님에게 "돈오점수가 맞지 않습니까?" 하고 대들었던 일이 부끄러워 뒤늦게 참회하는 마음을 가지게 되었다.

이렇게 고우 스님은 각화사 동암에서의 깨달음을 계기로 '백척간두 진일보'의 뜻을 알게 되었고, 당신의 공부를 점검하기 위해 경전과 조사어록을 살펴보던 중 『선문정로』를 보고는 그동안 돈오점수 하던 입장을 바꾸어 돈오돈수 안목으로 다시 화두를 들기 시작했다.

도반들과 선어록 공부를 시작하다

그때 선납회禪衲會라고 선방 수좌들의 모임이 있었다. 본래 1967년 선림회禪林會로 출발했지만 흐지부지되고, 1982년경 고우 스님과 적명 스님 주도로 선납회가 출범했다. 창립 취지는 결제 철에는 선방에서 열심히 정진하고 해제 철에는 모여서 선어록을 공부하자는 뜻이었으나, 당시나 지금이나 수좌들이 경전과 선어록 공부하는 것을 좋아하지 않았다.

고우 스님은 1987년 동암 체험 뒤 서암에서 『선문정로』를 비롯한 선어록을 보면서 공부에 대한 안목이 확연히 정립되었다. 그동안 선어록을 너무 소홀히 했다는 뉘우침도 있었다. 그해 봄 선납회 도반 모임에서 "우리 수좌들도 해제 철에는 선어록 공부를 해야 한다."고 의견을 내었다. 그러자 주관해서 추진해보라는 책임이 맡겨져 선화자禪和子(선禪은 양극단을 여읜 마음을, 화和는 그 마음을 조화롭게 하는 작용을, 자子는 이렇게 수행하는 수좌를 말한다. 통상 참선하는 스님을 부르는 호칭이다) 수련법회를 추진하게 되었다.

고우 스님은 해인사 성철 스님에게 어떤 선어록을 공

부하는 게 좋은지 의견을 구하려 도반들과 같이 백련암으로 갔다. "수좌들이 해제 철에 선어록을 공부하려는데 어떤 어록을 보는 게 좋은지요?" 하고 여쭙자 성철 스님이 환하게 웃으면서, "참 잘했다. 수좌들도 해제 철에는 경전과 조사어록을 공부해서 사상 정립을 하고 공부해야 한다. 사상 정립도 안 된 사람들이 무슨 화두 공부가 되겠느냐? 어록 공부해서 사상 정립을 해야 한다."고 말씀하신 뒤 "무엇보다 선종의 종전宗典인 『육조단경』을 봐야지." 하면서 『육조단경』을 추천하셨다. 그 자리에서 직접 강설을 해달라고 청했더니 당신은 지금 건강이 좋지 않으니 서옹 스님한테 부탁해보라 하셨다.

서옹 스님은 서울 수국사에 주석하고 계셨다. 그때 해인사 주지는 훗날 방장도 하시고 종정도 하신 법전 스님이었다. 법전 스님이 "서옹 스님 뵈러 서울 가는데 내 차로 가자." 하시어 그 차를 타고 수국사로 갔다. 차를 타고 가는 내내 법전 스님은 뒷자리에 앉아서 가부좌를 하고 정진하셨다.

서울 수국사로 가서 서옹 스님에게 자초지종을 말씀드리고 수좌들을 위해 『육조단경』 강의를 해달라고 청하니 아주 좋아하시며 흔쾌히 수락하셨다. 흔연한 마음으로 다시 해인사로 돌아왔는데, 도착할 무렵 수국사에서 해인사로 전화가 왔다. 서옹 스님을 모시는 시자가 전하기를, "큰스님께서 해인사에서 『단경』 강의를 못 하겠다."고 하셨다는 것이다. 하루가 안 되어 큰스님께서 입장을 바꾸신 것이다. 일이란 이렇게 뜻하지 않게 변수가 생기는 법이었다.

하는 수 없이 해인사 주지실에서 몇 사람이 둘러앉아 어떻게 할지 궁리한 끝에 백련암 스님께 다시 여쭤보기로 했다. 당시 해인사 총무 소임을 보고 있던 원택 스님이 백련암으로 전화해 자초지종을 말씀드렸더니 성철 스님이 "그럼, 일타 스님보고 하라 캐라." 하셨다. 하지만 수좌들은 율사인 일타 스님보다는 다른 선사 스님이 하는 것이 좋겠다는 의견을 모아 서암 스님을 모시자고 하였다.

성철 스님과의 법연

성철 스님께 『단경지침壇經指針』을 받다

고우 스님은 1987년 각화사 동암의 깨달음을 통해 인식 전환이 일어난 뒤 수좌 도반들과 선어록 공부를 추진하여 성철 스님의 뜻에 따라 『육조단경』을 공부하기로 하고 법사를 찾다가 서암 스님께 청을 드리기로 하였다.

서암 스님이야 고우 스님이 은사처럼 모시는 분이니 참 잘됐다 생각하고 봉암사로 가서 스님의 승낙을 받아 준비를 해나갔다. 수련 법회는 8월 15일부터 18일까지 3박 4일로 일정을 짰다. 그렇게 대략적인 준비를 마치고 해인사를 나와 부산으로 가서 무비 스님과 대법사에서 지냈다.

그러던 어느 날 해인사 원융 스님으로부터 성철 스님이 고우 스님을 찾으신다는 연락을 받고 해인사로 퇴설당으로 가서 인사를 드렸다. 1975년 남해 용문사 염불암에서 우연히 뵙고 "돈오점수가 맞지 않느냐?"고 대든 이후 성철 스님을 독대한 것은 처음이었다. 성철 스님은 내의를 입고 맞이하셨다. 그 모습이 고우 스님은 좋았다. 격식과 위의를 따지고 엄하게 대하기보다는 편안하게 평소 모습으로 대해주시니 고우 스님은 비록 가사와 장삼을 수하고 있었지만, 마음은 편안했다.

성철 스님은 수좌들이 『단경』 공부를 하려면 이것을 알아야 한다면서 『단경지침壇經指針』이라는 제목의 작은 책자를 주셨다. 법회를 주관하는 스님이 이것을 알고 해야 하니 보고 의문이 있으면 물으라 하셨다. 그래서 성철 스님이 주신 『단경지침』을 받아 원융 스님 방에서 둘이 같이 보기 시작했다.

『단경지침』은 70쪽 되는 얇은 책으로 『육조단경』을 공부하는 데 필요한 지침서였다. 머리말에서 성철 스님은 이렇게 말씀하셨다.

"『단경』은 육조의 법손인 동토東土 선종의 근본이 되는 성전聖典이다. 『단경』은 전래되는 과정에서 다른 본本이 많이 나와 학자들을 곤혹케 하였으나, 돈황고본이 발견되어 천고의 의심이 해결되었다고들 말한다. 『단경』의 근본 사상은 식심견성識心見性(마음을 알아 성품을 봄)이요, 식심견성은 법신불이 내외명철內外明徹(안팎이 사무쳐 밝음)이어서 견성見性(성품을 봄)이 곧 성불成佛(부처를 이룸)이므로, 깨달은 뒤[悟後]에는 부처님 행을 수행한다[修行佛行]고 분명히 하였다. 뒷날 교가敎家의 점수사상漸修思想이 섞여 들어와 오후점수론悟後漸修論(깨친 뒤 점차로 닦는다는 이론)이 성행하나, 이는 『단경』에 크게 어긋나는 것이니, 육조 대사의 법손인 선가禪家는 『단경』으로 되돌아와 육조 대사 본연의 종풍을 떨치기 바란다."

성철 스님은 이 『단경지침』에서 『육조단경』을 '선종의 근본이 되는 성전'이라 정의한다. 참선 수행을 하려는 사람이라면 반드시 공부해야 할 성전이라는 것이다. 그래서 수좌들이 『육조단경』을 공부해서 사상 정립을 하고 참선해야 한다고 강조하였다.

그런데 『육조단경』은 후대로 오면서 다양한 편집본이 만들어짐에 따라 육조 스님의 법문에 첨삭이 되어 선종의 돈오돈수 사상이 훼손되고 교가의 점수사상이 스며드는 문제가 있었다. 다행히 20세기 초에 돈황 석굴에서 「돈황본」이 발견되었는데 여기에 육조 스님의 선종사상이 잘 정리되어 있었다.

성철 스님이 이토록 강조한 『육조단경』은 당시까지 스님들의 기본 교육과정인 강원(승가대학)의 교육교재도 아니었다. 그래서 성철 스님은 해인총림 방장이 되고 이 『육조단경』을 해인사 강원 교육과정에 넣게 하였다. 또한 성철 스님은 『육조단경』의 여러 판본이 다 다르다는 것을 안타깝게 생각하던 차에 여러 판본을 구하고 대조하여 돈황본이 원형에 가까운 최고본임을 확인하고 『단경지침』을 집필하여 수좌들에게 공부하게 한 것이다(후일 성철 스님은 돈황본을 직접 교정하고 번역해서 『돈황본 육조단경』(장경각)을 간행하였다).

고우 스님도 성철 스님이 심혈을 기울여 집필한 『단경지침』을 받아 보았는데, 별 의문이 없었다. 스님은 이전에 믿고 있던 돈오점수 사상이 교가의 이론이라는 것을 깨닫고, 조사어록과 성철 스님의 『선문정로』를 정독하여 선문은 돈오돈수라는 정견을 세우고 있었기 때문에 『단경지침』도 쉽게 이해가 되었다. 성철 스님과 법에 대한 견해가 같음을 확인한 것이다.

다음 날 성철 스님을 다시 찾아뵙고 『단경지침』을 다 보았고 별 의문이 없다고 말씀드렸다. 성철 스님은 환하게 웃으며 "수좌들이 선종사상을 바로 알고 참선해야지 아무것도 모르고 참선해서는 안 된다."는 말씀을 다시 하셨다.

이런 말씀으로 볼 때 성철 스님이 "참선하는 수행자는 책 보지 말라."고 했다는 말은 잘못 알려진 것이다. 성철 스님이야말로 누구보다 경전과 조사어록을 중요시한 분이다. 성철 스님 개인 도서관인 장경각을 보면 스님 중에서는 최고의 장서가라 할 수 있고, '선림고경총서' 한글 번역을 지시하신 것을 보아도 잘 알 수가 있다. 다만, "결제 중에 수좌들은 책이나 신문 잡지를 보지 말라."고 한 말이 오해를 낳은 것이다.

성철 스님과의 문답 일화

그때 고우 스님은 평소 가지고 있던 궁금한 것을 성철

스님께 한번 물었다.

“스님, 『육조단경』에 보면 육조 스님이 문자를 알지 못한 나무꾼 출신이고, 8개월간의 행자 생활 끝에 『금강경』을 듣고 깨쳤다고 하는데, 어떻게 그렇게 무식한 분이 별 공부도 없이 빨리 깨칠 수 있었는지요?”

성철 스님이 반색하면서 이렇게 답했다.

“그게 말이지, 일반적으로 생각하면 이해하기가 어렵지만, 육조 스님 같은 경우는 워낙 전생부터 공부가 깊었던 분이라고 봐야지. 금생 공부 인연으로만 볼 수는 없지.”

이렇게 답하시고는 육조 스님을 만나 단 한 번의 문답 끝에 깨친 영가현각 대사 이야기와 마조 스님, 임제 스님, 대혜 스님 등등 조사들이 깨친 이야기를 몇 시간이나 들려주셨다.

성철 스님이 신이 나서 그렇게 말씀하시니 고우 스님은 중간에 말을 끊을 수도 없고 해서 그냥 묵묵히 듣고만 있었다. 그렇게 몇 시간이 지나 말씀이 끝나고 인사를 드리고 나오는데 옆에 있던 원융 스님이 한마디 했다.

“아이코, 오늘 시자들이 죽어나겠구나!”

그렇게 성철 스님을 뵙고 나와서 해인사를 나서는데 원융 스님이 따라와서는 고우 스님 주머니에 봉투를 하나 찔

려주었다. 스님이 놀라서 "아니, 스님이 무슨 돈이 있다고?" 하면서 그 봉투를 돌려주려 하니 원융 스님이 "아니요! 이건 내가 주는 게 아니고 노장이 주는 거요!"라고 했다.

"그래? 하, 이거 영광이네. 성철 스님한테 여비도 얻어 보고. 이거 쓰지 말고 표구를 해놓아야겠네!" 하며 고우 스님은 흔연한 마음으로 해인사를 나와서 서암 스님이 계시는 봉암사로 갔다.

서암 스님이 보여준 뜻밖의 모습

봉암사 조실채로 가서 서암 스님에게 인사한 뒤 성철 스님이 주신 『단경지침』을 내놓고, "성철 스님께 받은 것입니다. 선화자 법회에서 『단경』 강의를 하실 때 참고하시죠." 하며 드렸더니 노장이 바닥을 탁 치시고는 아무 말씀이 없었다.

너무나 뜻밖이었다. 20여 년 전 김룡사 금선대에서 처음 뵌 이래 고우 스님은 서암 스님 상좌라는 말을 들을 정도로 스님을 은사처럼 잘 모시고 살았고, 서암 스님 또한 성품이 온화하시고 인격자여서 한 번도 하대하거나 싫은

소리를 하신 적이 없었다. 그런데 이렇게 바닥을 탁 치시고는 아무 말이 없으시니 고우 스님은 좀 당혹스러웠다. 노장의 안색을 살피니 굳어 있었다. 더 말하고 싶지 않다는 분위기라 고우 스님은 인사를 드리고 조실채를 나왔다.

그 후 스님 혼자서 곰곰이 생각해보니 노장이 성철 스님과 공부에 대한 견해 차이 때문에 그러셨다는 생각이 들었다. 서암 스님은 돈오점수 공부를 하고 계셨기에 제자, 도반같이 생각한 고우 스님이 돈오돈수를 주장하는 성철 스님에게 『단경지침』을 받아 와서 보시라 하니 노장이 언짢게 생각한 것이다.

이 일이 있은 뒤 노장은 고우 스님을 예전처럼 대하지 않아 사이가 좀 서먹해졌다. 하지만 고우 스님은 노장이 그러시더라도 선배 스님이자 어른으로 깍듯이 예우했다. 법에 대한 견해가 다르더라도 인간적인 정리는 지키고자 함이었다.

한국 선종에 유례없는 선화자 수련법회

해인사에서 열린 선화자 수련법회

태백산 각화사 동암에서 '백척간두 진일보'의 뜻을 깨친 뒤 경전과 선어록 공부를 통한 정견의 중요성을 확인한 고우 스님은 1987년 수좌 도반들과 선화자 수련법회를 추진하였다. 마침 조계종 종정이자 해인총림 방장 성철 스님이 각별한 관심을 갖고 지도해주어 해인사에서 하안거 해제하고 바로 8월 15일부터 18일까지 3박 4일간 수련법회가 여법하게 열렸다.

참선 수행자들이 해제 뒤에 한 도량에 모여 공부하는

수련법회는 통합 조계종 출범 이후 처음 있는 역사적인 불사였다. 당시 해인사에서 발간하던 『월간 해인』 1987년 9월호(67호)에는 이 수련법회 광경을 다음과 같이 기록하고 있다.

> "지난 15일부터 18일까지 선화자 수련법회가 해인사에서 있었었다. 전국의 비구, 비구니 500여 수좌들이 운집하여 성공리에 회향하였다. 정치적 대회나 불사 따위가 아닌 순수하게 법문만을 듣기 위하여 이와 같이 많은 대중들이 모인 것은 정화 이후 처음이라고 한다. 3박 4일의 짧지 않은 기간 동안 500여 대중이 모인 법회는 고무적이고 희망적인 한국불교의 내일을 보는 느낌이었다."

선화자 법회에 대한 생생한 증언이다. 이 법회에는 무려 500명이 넘는 대중이 참가하였다. 통합종단 출범 이후 이렇게 많은 수좌 대중이 참가한 수련회는 처음이었다. 일주일 뒤에 이 법회를 보도한 「중앙일보」는 참석 수좌가 800여 명이라 하였다. 「중앙일보」는 1987년 8월 28일자에서 선화자 수련법회를 자세히 보도했다.

> “지난해 10월 창립된 선납회는 지난주 합천 해인사 대적광전에서 800여 명의 전국 선방·선원 수좌들이 참가한 제1차 선화자 수련법회를 열고 중국 선종의 중흥조인 육조혜능 조사의 법문을 담은 『육조단경』 강의를 수강했다. 또 수행방법상 극히 개인주의적인 성향을 갖는 납자들이 모임을 만들어 ‘조직화’를 이룬 것도 한국 선종에 유례가 없는 새로운 징표다. 이번 수련회 『단경』 강의는 성철 종정이 특강을, 서암 스님(봉암사 조실)과 일타 스님(해인사)이 『단경』 강론, 선과 율을 각각 강의했다.”

「중앙일보」 보도는 수련회가 끝난 지 열흘 뒤 나왔지만, 보도 그대로 이 법회는 ‘한국 선종에 유례가 없는 새로운 징표’였다.

주도면밀하게
법회를 준비하다

사람이 많이 모이는 큰 행사를 준비할 때는 늘 어려움이 있기 마련이다. 고우 스님은 이 선화자 수련법회를 치밀하게 준비했다. 스님이 직접 현수막까지 만들었다. 수좌들이 몇 명이나 올지 알 수 없었지만, 그때 해인사 주지 법전 스님과 총무 원택 스님이 사중에서 공양 준비를 해주니 큰 도움이 되었다. 숙소는 넓은 보경당과 선원채를 공부도 하고 잠도 자는 곳으로 했다. 그리고 건장한 체격의 수좌 몇 명을 모아 규찰대를 조직하여 야심한 밤에 마을로 내려가지 못하도록 길목을 지키게 하였다.

8월 15일 아침부터 수련법회가 열리는 해인사로 수좌 스님들이 몰려왔다. 수좌 아닌 스님들도 많이 왔다. 듣기 어려운 선지식들의 법문을 듣고 공부하러 온 것이다. 드디어 보경당에서 입재식이 열렸다. 종정이자 해인총림 방장 성철 스님의 '육조단경 지침' 법문으로 법회가 시작되었다.

성철 스님의 고구정녕한 법문

성철 스님은 당초 건강이 좋지 않아 당신이 할 수 없으니 『단경』 강설은 서옹 스님께 부탁하라 하셨는데, 막상 법회가 열리자 입재 법문을 비롯하여 매일 한 시간 가까이 법문을 하셨다(음성 법문은 유튜브에서 '성철 스님 단경지침 법문'으로 들을 수 있다). 이를 미루어보면 성철 스님이 선화자 법회와 동참 수좌들을 얼마나 고귀하게 생각했는지 짐작할 수 있다.

성철 스님은 단경지침 법문을 이렇게 시작했다.

"『육조단경』이 선종의 종전宗典인데, 전해오는 판본 20여 종이 각기 조금씩 달라서 혼란이 있었다. 20세기에 와서 돈황석굴에서 발견된 '돈황본'이 최고본으로 확인되어 '돈황본' 『육조단경』을 번역해서 원택(스님)이 책으로 만들어 낼 것이다.

『육조단경』은 견성성불이 핵심인데, 견성하면 일체 망상을 버리고 본래 밝은 자성을 보는 것이니 이것이 깨달음이다. 그런데 이 견성을, 망상이 그대로 있는데 이치를 알았다고 견성했다고 잘못 알고 있는 이들이 있다. 이것은 선종에서는 절대로 용납할 수 없는 삿된 견해이니, 돈오한 다음에 점수해서 망상을 없애야 한다는 그런 잘못된 견해를 버리고, 단박에 번뇌망상을 없애어 더 깨칠 것이 없는 돈오돈수가 선문의 바른길이다.

이제 1천 년 동안 잠자던 '돈황본'이 발견되어 선종의 종전인 『육조단경』에 돈오돈수가 정확히 설해져 있으니, 이것을 떠나 딴소리하는 것은 선이 아니니 참선하는 사람들은 이것을 정확히 알고 참선해야 한다. 그리고 이 『단경』 외에도 대주 스님의 『돈오입도요문론』과 황벽 스님의 『전심법요』 그리고 임제 스님의 『임제록』을 기준으로 공부하고 참선해서 확철대오하라."

성철 스님은 본래 간단히 입재 법문을 하려고 했는데 40분 가까이 법문을 하고 내려왔다. 그런데 수좌들이 성철 스님 법문을 더 듣고 싶어 했다. 대중들이 성철 스님에게 법문을 더 해달라고 간청해서 성철 스님의 법문은 세 차례나 더 이어졌다. 성철 스님은 법문에서 "보조 스님이 『수심결』에서 '정혜쌍수定慧雙修'를 말씀하셨는데, 이것은 정과 혜를 둘로 보고 각각 닦아야 한다는 것이다. 『육조단경』에서 말하는 '정혜등지定慧等持', 곧 '정과 혜가 하나다', '정이 곧 혜고 혜가 곧 정'이라는 정견에 맞지 않는 말씀이다."라고 하셨다. 스님께서는 이런 선리禪理를 바로 알아야 한다고 강조하시며 선종의 정견에 대한 법문을 매일 간절하게 해주셨다.

성철 스님의 입재 법문에 이어 봉암사 조실 서암 스님

이 『육조단경』 강의를 본격적으로 하였다. 그리고 해인총림 율주였던 일타 스님이 '선과 율'을 주제로 특강을 하였고, 당시 떠오르는 선승 해운정사 조실 진제 스님이 '마음 다스리는 법'을 주제로 특강을 했다.

제1회 선화자 수련법회는 이렇게 3박 4일 동안 진행되었는데, 많게는 800여 명 적게는 500여 명의 수좌 대중이 동참하여 전례 없는 성황을 이루었다. 당시 해인사 강원 학인이었던 원철 스님(전 해인사승가대학 학장)은 "그 넓은 보경당이 꽉 차서 문밖에서 서성거려야 했다."라고 회상하였다.

『월간 해인』(1987년 9월호)은 편집자의 글에서 다음과 같이 논평하였다.

> "이렇게 많은 대중이 모이리라고는 아무도 상상하지 못했다. 처음부터 비구, 비구니를 포함한 대규모의 법회로 계획된 것도 아니다. 5하 이상의 선원 수좌들로 구성된 선납회에서 초참 수좌들의 교육을 위한 선 강화로 기획되었으나, 학인은 물론 비구니까지 참가하게 되어 대규모로 확대된 것이다. (...) 이번 선화자 수련법회는 불교정화 운동에 획을 긋는 사건이라고 볼 수도 있다. 앞

으로 이런 법회가 계속 열려야 하겠다. 한 걸음 더 나아가 결사의 형식으로 발전한다면 더 바랄 것이 없지만."

역사적 평가를 받는 선화자 수련법회는 매년 열리길 바라는 대중의 뜻과는 달리 더 이상 열리지 않았다(2005년에야 다시 선화자 법회가 열렸다). 법회를 주관한 고우 스님은 뜻깊은 행사였고 전례 없이 많은 수좌들이 동참하여 겉으로는 성공하였지만, 내용적으로는 실패했다고 자평하였다. 생각과 달리 구참수좌들이 참여하지 않았던 것이다.

고우 스님은 당초 매년 하려는 생각을 내려놓고 다시 태백산으로 돌아가 은둔하였다. 이후 고우 스님과 적명 스님이 주도한 선납회는 1994년 무렵 전국선원수좌회로 바뀌어 이어지게 된다.

선지식의 마지막 발자취

태백산 각화사에서
선풍 진작을 도모하다

봉암사 내홍을
수습하러 나서다

고우 스님은 한국불교 역사에서 유례를 찾아볼 수 없을 만큼 의미가 깊었던 해인사 선화자 수련법회를 치르고 태백산 각화사로 돌아갔다. 이후 스님은 제방의 여러 선원을 두루 다니시며 참선 정진에 몰두했다.

1993년 무렵에는 출가 본사인 김천 수도암 선원으로 돌아가 안거 결제에 들어갔다. 당시 수도암은 해인사 주지를 지냈던 법전 스님이 불사를 잘하고 선원을 건립하여 수행 환경이 좋았기 때문에 수좌들에게 인기 있는 수행 도량이 되었다.

수도암 선원에서 정진하던 어느 날, 봉암사에서 뜻밖의 소식이 들렸다. 고우 스님은 언제 어디에 있더라도 '봉암사'라는 말만 들리면 자다가도 벌떡 일어났는데, 봉암사에 애정이 그만큼 깊은 탓이었다.

그날 들려온 소식은 봉암사에 큰일이 나서 조실 서암 스님과 주지스님이 결제 중에 절을 떠났다는 것이었다. 대표적인 수행 도량에서 안거 결제 중에 사달이 난 것이다. 봉암사 결제 대중과 주지스님 사이에 불사를 두고 갈등이 일어나자 대중이 공사를 열어 주지스님을 내보냈고, 이런 대중의 움직임이 못마땅하여 조실인 서암 스님도 결제 중에 스스로 절을 나가 원적사로 가버리셨다고 했다.

봉암사는 수좌 대중이 스스로 '계엄군'이라고 칭하며 절 운영을 하고 있었다. 한국 선의 상징이자 수좌들의 자부심이라는 봉암사 문제는 일개 사찰의 문제가 아니라 수좌계 전체의 일이었다.

수도암 결제 대중은 해제를 20일 남짓 앞두고 선납회 대표인 고우 스님에게 봉암사에서 벌어진 일을 알아보고 오라고 청했다. 이렇게 하여 선납회 대표 고우 스님과 도반들이 사태 수습을 위해 봉암사로 갔다.

수습 과정에서 빚어진 오해

고우 스님은 봉암사로 바로 들어가지 않고 원적사에 머물고 계시던 조실 서암 스님부터 찾아뵈었다. 조실스님은 수좌들이 법당을 선방으로 하자고 하기에 "법당은 법당대로 해야 한다."라고 하니 주지를 내쫓았다면서 황망해하셨다.

고우 스님은 조실스님의 뜻을 확인하고는 봉암사로 향했다. 다만 결제 중이니 바로 들어가지는 않고, 선납회 대표 자격으로 들어가도 좋은지 대중에게 확인해달라고 밖에서 요청하였다. 봉암사 결제 대중들은 대중공사를 열어서 선납회 대표의 봉암사 방문을 수용하였다. 이렇게 해서 고우 스님은 봉암사로 들어가 수좌 대표들과 협상을 시작했다. 그때 수좌 대중을 대표한 분이 입승을 맡고 있던 불산스님이었다.

협상 결과 이번 사태에 책임을 지고 봉암사 주지와 봉암사 결제 대중이 모두 봉암사를 떠나기로 합의하고 이 문제를 선납회 구참회의에서 결정하기로 했다. 그렇게 결정이 나서 정리가 되어갔는데 다시 문제가 하나 생겼다. 해산하는 수좌 중에 다음 안거를 신청하는 수좌는 봉암사 재방부를 받아주기로 한 것이 실수였다. 그러니 봉암사 결제 수좌 3분의 1이 남아 재방부를 들이게 되었다.

고우 스님은 조실 서암 스님께 수좌 대표와의 협상 과정을 다 보고드리고, 조실스님의 승낙을 얻어 합의를 했다. 문제는 수좌 일부가 다시 봉암사에 남게 되지 조실스님은 고우 스님이 수습을 잘못했다고 생각하여 두 분의 관계가 서먹서먹해져버린 것이었다. 고우 스님이 결제 도중 나와서 조실스님과 수좌들의 갈등을 중재하고 합의로 원만하게 마무리한 것은 모두 공심으로 한 일인데, 조실스님이 오해하시니 달리 도리가 없었다.

"살아보니 인간관계가 가장 어렵다"

1993년 11월 성철 종정께서 입적하시자 그 뒤를 이어 서암 스님이 종정이 되셨다. 그러나 1994년 봄에 갑자기 종단 개혁불사가 일어나 전국승려대회가 열렸고, 당시 총무원장과 같은 입장에 섰던 종정 서암 스님이 위태롭게 되었다. 그때 통영에 머물던 고우 스님은 다시 수습에 나설지 말지를 망설였지만 판단이 서지 않았다. 예전 같았으면 망설이지 않았겠지만 봉암사 일을 겪으면서 생각이 달라졌다.

그러는 사이 전국승려대회가 열려 종정 서암 스님이 탄핵당하는, 조계종 역사 초유의 사태가 일어났다.

그 뒤 서암 스님은 태백산 토굴에서 만행하는 등 초야를 떠돌다가 시일이 흘러 2001년에 봉암사 수좌들이 다시 조실로 모시게 되었다. 그때 서암 스님의 건강이 좋지 않다는 소식을 듣고 고우 스님이 그동안의 인연을 정리하고자 병원으로 찾아뵙고 인사를 드리자 노장은 아무 말 없이 고우 스님의 손을 꼭 잡아주셨다. 출가 이후 은사처럼 따랐고 누구보다 인간적으로 가까웠던 당대의 선지식 서암 스님과의 인연은 그러했다.

고우 스님은 노년에 "인생을 살아보니 인간관계가 가장 어렵다."고 하셨다. 그래서 당신은 신도들이 너무 가까이 오면 일부러 밀어내셨다. 관계를 유지하는 방편이었다.

태백산 각화사를
제2의 봉암사로 만들다

봉암사 일을 치르고 고우 스님은 제2의 봉암사를 생각하였다. 태백산 각화사가 적격이었다. 봉화 각화사는 백두산에서 내려온 백두대간이 태백산에서 갈라져 이룬, 태백산맥과 소백산맥 사이 깊고 큰 산에 둘러싸인 친혜의 수행도량이다. 근세에 이름난 선지식 중에 각화사를 거쳐 가지 않은 분이 없다 할 정도로 수많은 도인이 나온 도량이기도 하다. 고우 스님과도 인연이 깊었다. 고우 스님은 각화사의 교구본사인 고운사 근일 스님에게 부탁해서 각화사를 수좌 정진 도량으로 만들기로 하고 새 주지로 동춘 스님을 모셔왔다.

동춘 스님은 고우 스님의 선배 수좌로, 참선하며 불사를 잘하시는 분이었다. 각화사 주지로 오기 전에 봉암사에서도 불사를 크게 하였고, 각화사 주지를 맡아서도 태백선원의 불사를 하였다. 동춘 스님의 불사를 기반으로 고우 스님은 태백선원의 청규를 만드는 등 운영을 맡았다. 각화사는 이전부터 뜻 맞는 수좌들이 삼삼오오 자율 정진하던 도량인데, 선원이 지어지면서 시간과 청규를 정해서 선방에서 같이 정진하기 시작했다. 여름에는 14시간, 겨울에는 17시간 가행정진을 했다. 하루 24시간 중 좌선 시간이 14~17시간이 되니 보통 수좌들은 오지 못했고, 오직 공부에 뜻이 있는 수좌들이 각화사에 모이게 되어 자연 공부 분위기가 갖춰져갔다.

15개월 15시간의 가행정진

각화사에 정진 열기가 고양될 무렵 고우 스님과 수좌 대중은 2002년 동안거부터 결제 해제 없이 15개월 15시간 가행정진 결사에 뜻을 모았다. 각화사의 가행정진 가풍은 1999년 동안거부터 시작되었는데, 3년이 지나 15개월 15시간 가행정진 결사를 시작한 것이다. 이 결사에 방부를 들인 대중은 30명 가까이 되었다. 주지스님 등 소임자들은 15개월 동안 하루도 쉼 없이 정진 대중공양과 외호를 하니 보통 일이 아니었다.

예순을 훌쩍 넘긴 고우 스님은 선원장 소임을 맡아 주로 초하루 보름이나 선원에 대중공양 오는 불자를 위해 소참법문을 했다. 마침 대승사 주지와 선원장을 하던 철산 스님이 새로운 주지로 와서 절은 눈에 띄게 활기차졌다.

간화선
대중화 원력

고우 스님과 필자의
첫 만남

2002년, 세상이 한·일 월드컵 열기로 뜨거웠던 때 나는 고우 스님을 처음 만났다. 당시 조계종 총무원 기획과장이었던 나는 산중 선지식을 찾아뵙고 조계종과 간화선에 대하여 의견을 구하고 싶었다. 가깝게 지내던 실상사 도법 스님에게 선지식을 추천해달라고 하니 "태백산 각화사 선원장 하는 고우 스님을 찾아가 보라."고 하셨다. 고우 스님 외에도 열 분 정도 추천해주셨는데 다른 분들은 거의 아는 분들이었으나 고우 스님은 처음 듣는 분이었고, 가장 먼저 추천한 분이니 이분을 찾아뵙기로 했다.

8월 말경 태백산 각화사에 계신 고우 스님을 찾아뵙고 불교와 종단, 그리고 간화선에 대하여 그동안 쌓인 수많은 질문을 폭포수처럼 쏟아냈다. 스님은 오랜 가뭄에 단비를 내려주시듯 감로의 법문을 하셨다. 첫 만남에서 나는 '세상에 도인이 있다더니 이런 분을 도인이라 하겠구나!' 하는 믿음이 생겼다.

그날 밤 12시까지 차담을 나누고 고우 스님이 주석하는 서암에서 하룻밤을 편안하게 잤다. 다음 날 "아침 공양 합시다!" 하는 말씀에 잠에서 깨어나 공양실에 가니 스님이 손수 된장찌개를 끓여 공양상을 차려놓으셨다. 그 뒤 자주 서암을 찾아가 법문을 들었다. 각화사 태백선원 15개월 가행결사 때는 많은 기자들과 동행하여 깊은 산중 각화사의 공부 소식이 일간 신문기사를 통해 널리 알려졌다.

태백산 각화사 서암에서 설법을 시작하다

고우 스님은 늘 이웃집 할아버지처럼 나를 편안하게 대하셨는데, 돌아가실 때까지도 하대하지 않았다. 나는 그런 고우 스님이 좋았다. 그래서 더 자주 찾아뵙고 법을 물었다.

"불교란 무엇인가요?"

"왜 멀쩡한 양반이 상놈이 되려 합니까?"

"한국불교에 희망이 있는가요?"

"희망은 자기가 만들어가는 겁니다. 밖에서 찾지 마세요."

"저는 동국대를 다녔고 조계종단에서 일하며 불교를 좀 안다고 생각했는데, 스님 말씀에 꽉 막힙니다. 불교를 공부하려면 어떻게 해야 하는지요?"

"성철 스님의 『백일법문』을 보세요. (벽장에서 『백일법문』 책을 가져다주며) 이 책은 팔만대장경의 핵심을 요약해 놓았어요. 지금까지 나와 있는 불교 입문서로는 최고예요. 특히 상권 「근본불교 사상」 편을 반복해서 읽어 '부처님 깨달음이 중도 연기'라는 것을 확실히 이해하면 불교를 다 알게 되고 팔만대장경이 회통될 겁니다."

이 법문이 그때 나에게 공부 지침이 되었다. 그렇게 『백일법문』 상권을 집중적으로 공부하기 시작했다.

당시에 고우 스님은 각화사 선원장을 하면서 찾아오는

이들에게 소참법문을 주로 하였다. 조금씩 스님 이름이 알려지면서 봉화와 가까운 대구·경북 지식인 불자들이 간혹 찾아와서 법문을 청하였다. 고우 스님은 먼저 성철 스님의 『백일법문』으로 불교에 입문케 하고, 『금강경삼가해』, 『육조단경』, 『서장』, 『선요』를 선지식으로 삼아 정진하라고 했다. 이때 가까이서 법문을 듣고 문하에 입실한 이가 동봉 전재강 안동대 교수, 원봉 이강옥 영남대 교수 등이다.

또 정덕행, 원덕행 등 대구 보살님들이 괴산 공림사 탄성 스님에게 법문을 듣다가 스님이 열반하시자 고우 스님을 찾아와 법문을 들으면서 자연스럽게 신도가 되었다. 특히 동봉이라는 법명을 받은 전재강 교수는 고우 스님의 법문을 듣고 『선요』, 『서장』, 『금강경삼가해』를 번역하고 주석을 달아 '고우 스님 감수'로 하여 운주사에서 책을 펴냈는데 선어록으로는 드물게 몇 쇄씩 나가는 호응이 있었다. 특히 이전의 역주들이 법과 방편을 구분하지 못하고 선을 돈오점수로 보았는데, 고우 스님과 전 교수는 이를 세밀하게 바로잡았으니 안목 있는 이들에게 호평을 받았다.

이때 한 청년이 찾아와 출가의 뜻을 말하여 제자로 받으니 바로 맏상좌가 된 중산 스님이었다. 스님은 그때까지도 상좌를 두지 않을 생각이었다. 부처님 일불제자면 되지 따로 당신의 제자를 두지 않으려 했는데, 철산 스님이나 가까운 스님들의 강권으로 상좌를 받았다. 이후 중선과 중관 스님까지 세 상좌를 받았다.

태백산 암자의
빛나는 생활법문

총무원에서 일하는 틈틈이 나도 법문을 들으러 자주 서암에 갔다. 나는 고우 스님의 말씀을 들으면서 참으로 희유한 법문이라고 생각했다. 당시 총무원 기획과장 소임을 맡고 있었기에 조계종 스님들을 두루 아는 편이었는데 고우 스님의 말씀은 너무나 지혜롭게 들렸다. 특히 '도 닦으며 장사 잘하는 법'은 재가 생활인으로 너무나 놀랍고 감동적인 법문이었다.

당시 영주에서 식당을 운영하는 보살님이 불공하러 자주 왔다. 정성스럽게 불공하고 스님들께 시주도 잘하였다. 하루는 고우 스님이 그 보살님에게 차를 대접하면서 이렇게 물었다.

"보살님 장사하시죠? 내가 장사 잘하면서 도 닦는 법을 가르쳐줄까요?"

"예, 스님. 도 닦으며 장사도 잘하면 얼마나 좋겠습니까? 좀 가르쳐주십시오."

"식당에 오는 손님을 돈으로 보지 말고 '은인恩人'으로 보고 장사를 해보세요. 왜 손님이 은인인지는 알고 해야 하니 알려드릴게요. 식당 손님들이 주는 돈으로 가게 월세 내고 직원 월급 주고, 남는 돈으로 아이들 학교 보내고 저축해서 집도 사고 차도 사고 문화생활 하며 절에 보시도 하니, 손님이 은인이 아니고 무엇입니까? 그러니 이제부터 가게에 오는 손님을 은인으로 보고 장사를 해보세요."

"아이고 스님, 그렇게까지는 생각을 못 했는데, 말씀을 듣고 보니 손님이 바로 은인이네요. 알겠습니다. 그렇게 생각하고 장사를 하겠습니다."

얼마 뒤 각화사에 온 그 보살님은 고우 스님께 "스님, 대박입니다. 손님이 너무 많아서 직원이 열다섯 명으로 늘었습니다."라고 말했다. 이 식당은 얼마 지나지 않아 경북 북부 지방에 맛집으로 소문이 났고, 사업이 크게 번창하였다.

이처럼 고우 스님은 늘 중도 정견과 화두 참선을 강조

하였지만, 일반 불자들에게는 일상생활에 도움을 주는 생활법문을 하였다. 이런 법문을 듣고 필자는 고우 스님의 중도 정견과 생활법문을 서울에서 할 기회를 만들기 시작했다.

2004년 조계사 초청, 선 중흥 대법회 첫 법사로 나서다

희양산 봉암사와 태백산 각화사에서 은둔하다시피 정진하던 고우 스님이 세상에 나와 처음으로 대중설법을 시작한 것이 2004년 2월이다. 조계사 주지 지홍 스님이 마련한 '선 중흥을 위한 선원장 초청 대법회'에서 첫 법사로 나서 법문을 한 것이다.

이날 조계사에는 5천여 불자들이 전국에서 모였다고 한다. 「현대불교신문」이 '고우 스님 초청법회 현장 이모저모'라는 제목으로 크게 보도했는데, 특이한 것은 고우 스님이 법문을 마무리하면서 "성철 스님의 『백일법문』을 읽어서 부처님 깨달음 중도 연기를 이해하라."고 권하자 조계사 일대 서점에서 『백일법문』이 다 팔려 구할 수 없었다는 뉴스였다. 또 평소 조계사 법회에 거사의 참석이 드문데, 이

날은 거사들이 많이 동참하였다.

고우 스님은 대중 앞에 나서는 것을 좋아하지 않았지만, 이날 법회 참석 대중의 호응과 언론의 찬사를 보고는 대중과 더 소통하는 것이 좋겠다는 마음을 내었다.

조계종 간화선 수행 지침서 편찬 불사

이 무렵 조계종 총무원 기획차장이던 나는 고우 스님에게 다음과 같이 제안했다.

"스님 덕분에 간화선에 눈을 뜨고 화두 참선을 해보니 너무 좋습니다. 이렇게 좋은 화두 공부를 자세히 알려주는 이도 드물고 바른 안목의 책도 없으니, 스님 말씀을 정리해서 쉬운 책을 만들면 좋겠습니다."

이 말에 고우 스님은 이렇게 답하셨다.

"누가 내 말을 듣겠습니까? 그러지 말고 부처님 말씀을 결집하여 경전을 편찬했듯이, 전국 선원장 모임이 있으니 거기에서 공의로 간화선 지침서를 만들면 더 좋을 겁니다."

개인이 만드는 책보다는 선원의 공의를 모아 간화선 지침서를 만드는 것이 좋겠다는 뜻이었다. 선방 일이나 종단

일에서 늘 공심을 앞세웠듯이, 간화선 지침서 편찬도 개인적으로 할 것이 아니라 선원장의 공의를 모아 하자는 의견이었다.

스님은 전국 선원장들과 1년 가까이 논의(반대하는 분들도 있었다고 한다)해서 전국선원수좌회 차원에서 간화선 편찬위원회를 조직했다. 혜국 스님을 위원장에 추대하고 고우 스님, 무여 스님, 의정 스님, 설우 스님을 위원으로 하여 불사를 시작했다. 나는 당시 포교원장 도영 스님과 포교연구실장 진명 스님 그리고 교육원장 청화 스님, 불학연구소장 화랑 스님과 논의하여 이 편찬 불사를 종단 차원에서 뒷받침하기로 했다. 집필위원으로는 고명석 연구원, 충남대 김방룡 교수, 가산불교문화연구원 김영욱 박사 그리고 내가 참여했다.

1년여 동안 한 달에 한 번씩 충주 석종사에서 1박 2일 일정의 편찬회의를 15차례 이상 한 끝에, 2005년 5월 『간화선』(조계종출판사)을 출간, 조계사 대웅전에서 고불식을 하는 것으로 편찬 불사를 회향하였다.

이것은 조계종 차원에서는 처음 있는 일로, 특히 선승들이 뜻을 모아 간화선 수행 지침서를 편찬했다는 데 의의가 컸다. 교계와 일간 언론에서도 높은 평가를 받았고 책도 2만 권이 넘게 팔리는 성과를 냈다. 이렇게 하여 간화선 대중화라는 고우 스님의 원력은 한 걸음씩 나아가고 있었다.

봉화 문수산에
금봉암을 창건하다

2005년에 다시 열린
해인사 선화자 법회

2005년 전국선원수좌회와 조계종 불학연구소가 공동으로 추진한 『간화선』 편찬 불사가 원만히 마무리될 즈음, 수좌회는 2월 28일부터 2박 3일 동안 해인사에서 선화자 법회를 열었다. 이것은 고우 스님이 주도한 선납회가 1987년 해인사에서 열었던 선화자 법회를 계승하여 18년 만에 다시 연 것이다.

법회 첫날 고우 스님은 수좌회의 초청을 받아 입재 특강을 하였다. 스님은 '1987년 성철 스님, 서암 스님을 모시고 선화자 법회를 처음 열었을 때'를 회고하며 "18년 만에 다시 열리니 감회가 크다"면서 우리 선방에서 정진하는 간화선의 가치와 특색을 강조하고, "앞으로 수좌 스님들이 공부를 잘하여 간화선풍을 크게 진작해나가길 바란다."고 발원하였다.

선원장 스님들과 중국 선종 사찰 순례

부처님의 가르침이 동아시아로 전해져 7세기 낭나라 때부터 선종이 꽃을 피웠다. 선종의 발원지 중국에는 수많은 조사와 선종 사찰이 융성하였고, 그 선풍과 법맥이 신라는 물론 고려와 일본, 베트남에까지 전파되어 '선의 황금시대'가 열렸다. 그러나 근세에 이르러 중국은 공산당이 집권하면서 종교를 탄압하여 불교의 선맥禪脈이 끊어지다시피 하였다.

1992년 한·중 수교가 이루어진 뒤 이은윤 대기자가 중국 선종 사찰 수십 곳을 답사하여 「중앙일보」에 여행기를 연재하고 여러 권의 책으로 묶어 냈다. 고우 스님은 그 책을 구해 보고 도반 몇 분과 뜻을 모아 몇 차례 중국 선종 사찰 순례를 배낭여행으로 다녀왔다. 스님은 평소 선어록을 통해 접했던 달마대사, 육조혜능 대사, 마조·백장·조주·임제 선사가 주석하며 전법한 도량을 두루 참배하였다. 조사 스님들이 수행하고 전법 교화한 도량을 직접 참배하니 더 실감이 나고 감동이 컸다. 부처님께서 성지순례를 권한 뜻도 공감하게 되었다.

2004년 선원수좌회 선원장 스님들과 『간화선』을 편찬하면서 많은 조사들의 도량과 법문을 접할 때 고우 스님이 직접 가본 이야기를 하자 무여·혜국 스님 등 대부분의 수좌들이 부러워하여 책 불사를 마치고 같이 가보기로 뜻을 모았다.

2005년 5월에 선원장 스님들 중심으로 중국 선종 사찰 순례단이 꾸려졌다. 15일 동안 선종 초조 달마대사의 소림사를 시작으로 2조 혜가 대사의 이조암, 3조 승찬 대사의 삼조사, 4조 도신 대사의 사조사, 5조 홍인 대사의 오조사, 6조 혜능 대사의 남화선사(보림사), 7조 남악과 8조 마조 대사의 남악 등 주요 조사들의 교화 도량을 두루 순례하였다. 참배 도량마다 고우 스님이 조사들의 출가와 깨달음, 전법 교화 이야기를 들려주어 참으로 환희로운 순례가 되었다.

고우 스님은 순례를 하면서, 선종이 중국에서 출현했지

만 근세에 공산화와 문화혁명을 거치며 돈오선 법맥이 끊어진 것을 안타까워했다. 마오쩌둥 사후 덩샤오핑, 장쩌민을 거쳐 지금의 시진핑 주석에 이르기까지 중국 정부는 종교를 통제하면서도 불교 사찰을 문화유산으로 보존하는 한편 관광자원으로 대대적인 복원을 하는 등 불교에 대한 지원을 하고는 있다. 하지만 소림사를 비롯한 선종 총림의 방장은 거의 30~40대 젊은 승려들이 맡고 있다. 그분들과 대화를 해보면 사찰 관리인으로 보이지 불교, 특히 선禪에 대해 안목을 갖춘 이를 보지 못했나며 아쉬워하셨다.

그런 점에서 고우 스님은 중국불교는 선종의 유적지로만 남아 있지만 한국불교 조계종의 선원은 선의 전통과 법맥을 그대로 전승하고 있으니 참으로 다행이라며, 앞으로 한국불교가 더 변화하여 세계불교를 선도하고 인류에 기여해야 할 것이라 하였다.

『간화선』으로 조계종 본말사 주지 연수교육을 하다

2005년 『간화선』 편찬 불사의 원만 성취는 교계뿐만 아니라 중앙 일간 신문에도 대대적으로 보도될 만큼 종단 안

밖에서 깊은 관심을 불러일으켰다. 그해 조계종 교육원(원장 청화 스님)은 교구 본말사 주지 연수교육에 『간화선』을 교재로 사용하였다. 고우 스님을 비롯하여 무여 스님, 혜국 스님이 번갈아 강사로 나서자 본말사 주지 스님들의 관심과 호응이 컸다.

당시 총무원장 법장 스님은 경허—만공 선사의 법맥을 이은 수덕사 출신으로 선풍 진작과 『간화선』 편찬 불사에 관심이 높았다. 고우 스님을 비롯한 수좌 스님들이 간화선을 대중화하고 세계화하려면 종단 차원에서 현대적인 국제선센터를 건립할 필요가 있다고 제안하자, 총무원장 법장 스님은 공주 마곡사 뒤 한국문화연수원 부지에 건립하는 방안을 추진했다. 수좌 스님들이 그 부지를 답사하였는데, 너무 외진 곳이라 교통이 불편하고 선원 분위기와 맞지 않다고 하여 종단 차원의 선센터 건립은 성사되지 못했다.

법장 스님 이후 지관 스님이 총무원장이 되었을 때 고우 스님은 원로의원 동춘 스님과 함께 지관 스님을 찾아뵙고 국제선센터 건립을 제안하였다. 지관 스님은 종립 선원 봉암사와 서울 목동 국제선센터 부지를 검토하다가 목동이 접근성이 좋고 도심에서 역할 하기도 좋다고 하여 그곳에 국고 보조를 받아 국제선센터를 건립하였다.

봉화 문수산 금봉암을 창건하여 머물다

2005년 『간화선』 편찬 이후 간화선에 대한 관심이 높아지고 고우 스님을 찾는 이들이 늘자 그동안 주석하던 각화사 서암은 차가 닿지 않아 여러모로 불편하였다. 그때 문경 대승사 주지 겸 선원장을 맡고 있던 철산 스님이 고우 스님을 대승사로 모시려 했다. 그러나 스님은 신방이 있는 내중 처소보다는 독립된 도량에서 자유롭게 지내려고 절터를 물색하였다. 그렇게 50여 곳을 살펴보던 중 축서사가 있는 봉화 문수산 남향 골짜기에 화전민들이 살다가 버려둔 논밭과 집터를 보고 작은 도량으로 만들기 좋겠다며 기뻐하셨다.

고우 스님은 강원에서 공부하고 선방에 간 뒤 평생 선의 길을 갔으니 절 부지를 매입하고 절을 지을 돈이 부족했다. 그런 사정을 뻔히 아는 수좌 스님들이 여러모로 도왔다. 혜국 스님이 앞장서고 동춘 스님 등 여러 수좌 도반들이 십시일반 모아준 돈으로 버려진 땅 약 2만 평을 싼값에 확보하였다. 법당은 학수 비구니 스님의 절 신도가 큰마음으로 많은 보시를 해주었고, 대구 보살님들과 나도 참선 도반들과 정성을 모으는 데 동참했다. 요사채는 제주도 원명선원 대효 스님이 도와주었다. 이렇게 하여 2006년도에 금봉암을 준공하니 지금과 같은 아담한 암자가 되었다.

그즈음 나는 불교인재원에서 수강생들을 모집하여 '간화선 입문 프로그램'을 운영하고 있었다. 이 프로그램은 조계종에 근무할 때 포교원 등과 만든 것이었다. 프로그램을 마치면 고우 스님에게 화두를 받기 위해 금봉암으로 가서 1박 2일 수련회를 정기적으로 진행하였다. 작은 암자였지만 참선 입문자 수십 명이 와서 수련을 하니 금봉암은 수련도량으로 활기가 넘쳤다.

고우 스님은 금봉암이 작은 암자이지만 봉암사 제2결사 이래 "부처님 가르침대로 살자!"는 정신을 오롯이 실천하는 도량이 되기를 원하였다. 그래서 사찰이라면 으레 행하는 재사, 불공은 물론 부처님오신날 연등도 달지 않고 오직 법회와 참선 수련만으로 금봉암을 운영하였다. 그런 점에서 금봉암은 성철 스님의 가풍이 깃든 해인사 백련암과 함께 "오직 부처님 가르침대로 살자!"는 정신을 한국불교에서 실천하는 청정도량이었다.

재가자를 위한
간화선 지도사 양성을 추진하다

고우 스님은 평소 중도를 공부하여 정견을 세우고 화두를 체험하여 바로 깨치는 간화선은 한국불교가 가장 바르게 전승하고 있다고 보았다. 한국불교가 중도 정견을 세우고 간화선을 실천하면 한국 사회도 평화로워질 뿐 아니라 세계 인류에도 기여할 수 있다고 강조하셨다. 간화선이 대중화, 생활화되려면 지도자 양성이 관건인데, 예전처럼 우뚝한 선지식이 드문 시대에는 좋은 교재와 프로그램으로 중간 지도자를 양성하는 시스템을 만들어야 한다고 하셨다.

인생 최고의
전성기와 은퇴

간화선과 위빠사나의 만남

2011년 공주 한국문화연수원에서 뜻깊은 법회가 열렸다. 간화선을 대표하여 고우 스님, 남방불교의 위빠사나(사마타)를 대표하여 파욱 사야도가 법문하고 대담을 나누는 '간화선과 위빠사나의 만남 국제연찬회'가 2박 3일 동안 열린 것이다.

불교 2600년 역사에서 남방과 북방을 대표하는 위빠사나와 간화선 수행자가 만나서 2박 3일 동안 대화하고 정진한 법회는 이때가 처음이었다. 이 법회는 내가 고우 스님의 승낙을 얻어 기획한 것으로, 제따와나 선원장 일묵 스님에게 부탁하여 남방 위빠사나 수행자 중에서 대표적 선지식인 파욱 스님을 국내로 초청하여 성사되었다. 고우 스님은 간화선 수행자로 평생 참선의 길을 가면서 간화선의 대중화, 생활화에 원력을 행하였지만, 교학이나 위빠사나도 훌륭한 불교 수행법이라며 존중하였다.

이 법회에서 고우 스님은 "부처님이 깨치고 처음으로 법을 설한 『초전법륜경』에 당신이 중도를 깨달아 생사의 괴로움에서 해탈했다고 하셨으니, 중도에 정견을 세우면 간화선을 하든지 위빠사나를 하든지 같은 부처님의 깨달음 길이니 우열이 없다. 다만, 높은 산의 정상을 깨달음에 비유한다면 위빠사나는 평탄한 길로 돌아서 올라가는 것이고, 간화선은 험하고 가파른 지름길로 올라가는 것이므로 좀 빠르다."라고 하였다.

파욱 스님은 "부처님이 깨치고 일러주신 깨달음의 길은 계를 바탕으로 사마타(선정)와 위빠사나(지혜)를 닦아서 일체의 번뇌 망상을 없애면 아라한과를 성취하는 것이다."라고 하였다.

만행,
달라이 라마를 만난 이야기

고우 스님은 2000년대 초에 여러 스님들과 인도 다람살라로 가서 달라이 라마를 만나 문답한 이야기를 가끔 하셨다.

"부처님께서는 깨달으면 생사윤회에서 해탈한다고 하셨는데, 어째서 티베트 불교에서는 생사 윤회를 반복하는 보살행을 말씀하십니까?"

고우 스님이 이렇게 묻자 달라이 라마가 "부처님은 깨달음을 통한 해탈을 말씀하시면서도 끝없이 생사를 반복해서 중생 구제도 가르쳤기 때문에 그렇게 합니다."라고 답하면서 부처님이 생사 윤회를 거듭하며 깨달은 이야기를 너무 지루하게 말씀하셨다. 그러자 법문을 듣고 있던 한 수좌가 나지막이 툭 던졌다. "생사가 둘이 아닌데 무슨 말씀을 하는지!" 그 말에 한국 스님들이 같이 웃었다. 그러자 달라이 라마는 당신 말이 너무 지루했다는 것을 느끼셨던지 정색을 하고는 "부처님 해탈의 핵심은 지관止觀이 아닙니까?"라고 말했다. 달라이 라마의 이 말씀에 고우 스님도 공감하는 뜻으로 환하게 웃으면서 고개를 끄덕이고 수긍하였다.

고우 스님은, 달라이 라마는 주로 생사 윤회하는 가운데 보살행을 강조하는 인과 법문을 하고, 한국불교는 선이 들어와서 보다 깊은 생사 해탈 법문을 한다고 보았다. 그런데 "깊은 법문을 하는 한국 스님들이 달라이 라마보다 신뢰와 존경을 받지 못하는 이유는 언행일치를 하지 않기 때문"이라고 늘 안타까워하였다. 그래서 당신이라도 언행일치하려고 하였다. 한국불교가 변화 발전하려면 언행일치하는 실천행이 관건이라고 보았다.

프랑스 파리에서
간화선을 알리다

2005년 문화체육관광부는 프랑스 파리에서 한국 전통문화를 알리는 차원에서 고우 스님을 초청해서 간화선 특강을 마련했다. 스님은 그렇게 하여 처음으로 유럽에 가게 되었다.

파리의 한 대학에서 고우 스님은 이렇게 말했다.

"간화선은 부처님이 깨달아 생로병사의 괴로움에서 영

242

원히 해탈한 중도를 화두로 바로 체험하여 깨치는 길이다. 간화선이 비록 중국에서 출현하였지만, 지금 중국은 공산화 문화혁명을 거치며 선맥禪脈이 단절되었다. 일본에도 간화선이 전파되었으나, 교학과 결합하여 화두를 단계 단계별로 깨치는 의리선義理禪으로 변질되었다.

한국 간화선은 부처님이 깨친 중도를 화두로 바로 깨치는 직지直指, 돈오선을 그대로 전승하고 있다. 지금 세계 인류에게 닥친 지구환경 위기와 정치·경제적인 양극화나 대립 갈등의 해결에 부처님이 깨친 중도와 한국 선이 좋은 대안이 될 수 있을 것이다. 불교사상은 1789년 프랑스 대혁명의 자유, 평등, 박애 정신과도 상통하는 것이다."

성철 스님 탄신 100주년 기념 『백일법문』 대강좌

고우 스님은 1987년 각화사 동암에서 강렬한 깨달음을 체험한 이후 시중의 불교 서적을 살펴보던 중 성철 스님의 『백일법문』과 『선문정로』가 가장 분명한 불교 수행의 지침서라고 확신하게 되었다. 스님은 늘 『백일법문』을 소개하며 '부처님의 깨달음이 중도 연기'라는 것을 확실히 이해할 때까지 반복해서 읽기를 권했다.

『백일법문』 상권 「근본불교 사상」 편을 열 번쯤 읽고 불교를 확실히 이해한 나는 불교인재원의 엄상호 이사장과 함께 원택 스님의 도움을 받아 고우 스님을 서울로 청하여 『백일법문』 대강좌를 열었다. 마침 성철 스님 탄신 100주년이 되는 2012년이었다. 불교인재원 엄상호 이사장은 사재를 털어 성철 스님 탄신 100주년을 기념하는 성철 스님 수행 도량 20여 곳을 한 달에 한 번씩 순례하는 법회를 1년이 넘게 진행하였다.

'고우 스님 『백일법문』 대강좌'는 조계사 한국불교역사문화기념관 공연장에서 진행하였는데, 300석 좌석이 꽉 차 신청자를 더 받지 못했다.

고우 스님은 대강좌 중에 "성철 스님께서 『선문정로』, 『본지풍광』을 내시고는 '부처님께 밥값 했다'라고 하셨다고 하는데, 내가 볼 때는 『백일법문』이 밥값 하신 것이다. 『백일법문』은 누구나 보기 쉽게 부처님의 깨달음을 경전과 선어록을 회통하여 설명하고 있다. 누구든지 『백일법문』 상권만 읽어 중도 연기를 이해하면 팔만대장경을 다 이해할 수 있으니 세계 최고의 불교 입문서다."라고 강조하셨다.

80세가 되자
은퇴를 말씀하시다

스님은 80세가 되자 기력이 떨어지고 건강이 나빠지기 시작했다. 이때 말씀하시기를 "부처님께서도 80세까지 활동하시다가 돌아가셨는데, 나도 이제 은퇴해야지." 하며 일체 대외 활동을 중단하면서 내게도 "이젠 사람들을 만나지 않겠다."고 하셨다. 왜 그러시냐고 여쭈니, "기억력이 자꾸 떨어지고 몸도 힘드니 사람들 만나 실수할까 봐 그런다."고 하셨다. 내가 앞으로 어떻게 공부하면 좋겠습니까 하니, 고우 스님은 "부처님 법문과 조사어록을 선지식으로 삼아 공부해나가야 합니다. 그중에서도 『금강경』, 『육조단경』, 『서장』, 『선요』, 『백일법문』, 『선문정로』를 가까이하며 정진하세요."라고 하셨다.

나는 스님의 허락을 얻어 그동안 들은 법문에 보은하는 뜻으로 『고우 스님 강설 육조단경』(조계종출판사)과 『태백산 선지식의 영원한 행복』(어의운하)이라는 법문집을 엮어 세상에 내놓았다.

봉암사에서
돌아가시다

도반 적명 스님의 입적과
마지막 법문

2019년 12월, 봉암사 수좌 적명 스님이 갑자기 돌아가셨다. 봉암사는 동안거 반결제 날 산행하는 전통이 있는데, 적명 스님께서 혼자 관음봉에 오르셨다가 아래로 떨어져 열반에 드셨다. 나는 고우 스님과 더불어 수좌계 쌍두마차로 불리던 적명 스님도 선지식으로 모시며 가까이하였기에, 입적 소식을 듣고 봉암사로 들어가 전국선원수좌회 5일장을 치르는 동안 사무를 맡아 다비까지 여법하게 모셨다.

적명 스님 장례식에 참석한 수좌계 원로 중진 스님들이 적명 스님의 장례를 치르고 고우 스님을 보려고 차를 여러

대 나눠 타고 봉화 금봉암으로 올라갔다. 그런데 고우 스님은 인사 온 수좌 스님들을 주장자까지 휘두르며 다 내쫓았다. 이 소식은 삽시간에 제방으로 퍼졌다. 그날 혜국 스님이 나에게 전화해서 "금봉암 스님이 이런 일이 있었다는데 알고 있습니까?" 하시며 "스님 건강이 어떠십니까?" 하셨다. 나는 놀라서 다음 날 바로 금봉암으로 갔다.

조심스럽게 인사를 드리니 내쫓지 않으시고 평소처럼 대하셨다. 겸상을 해서 스님과 점심 공양을 잘 마치고 적명 스님 입적 소식을 전하니 이미 알고 계셨다.

스님께 "수좌 스님들이 금봉암 왔는데 다 내쫓으셨다면서요? '고우 스님 노망 났다'고 제방에 말이 떠돕니다. 왜 그러셨어요?" 하고 여쭈었다.

"일부러 그랬지요. 난 이미 은퇴해서 아무 데도 안 나가고 찾아오지도 말라는데 왜 오는지. 그래서 다시는 오지 말라고 주장자를 휘둘렀지요."

"스님 건강을 염려하는 분들이 많습니다. 뭐라고 전할까요?" 하고 여쭈니 "나는 폐병에 걸려서 죽으려고 절에 왔다가 불교를 만나 정말로 행복하게 잘 살았습니다. 오늘 당장 죽어도 아무런 여한이 없습니다. 종단이 좀 걱정되지만, 나는 행복하게 잘 살다 갑니다. 누가 물으면, '그 노장 그렇게 살다가 그렇게 갔다'고 하세요."라고 말씀하셨다. 이것이 내가 스님께 들은 마지막 법문이고, 이것이 임종게가 되었다.

스님의 마지막 모습

2021년 8월 하순 어느 날 아침, 스님이 일어나지 못하셨다. 몸에 열이 났다. 맏상좌 중산 스님과 칠산 스님이 경주 동국대 병원으로 모셨다. 법연 스님, 혜국 스님, 원타·영진·함현·월암 스님 등 여러 수좌 스님들이 병원으로 왔다. 입원한 지 하루가 지나도 차도가 없자 병원장이 회복이 어려울 듯하다고 말했다.

수좌 스님들과 봉암사 수좌들이 "봉암사 제2결사를 주도하시어 오늘날 조계종 종립 선원 봉암사의 기틀을 만드신 분이고 수좌계의 어른이니 봉암사로 돌아가서 전국선원수좌회장으로 모시자."고 뜻을 모았다.

고우 스님의 마지막 모습은 참으로 신기했다. 스님은 병원에 가신 뒤 며칠 동안 눈을 뜨지 않으셨는데, 경주 병원에서 문경 봉암사 동방장실로 모시어 눕혀드리고 "스님,

여기는 봉암사입니다." 하니 갑자기 눈을 번쩍 뜨시고는 좌우를 둘러보시고 다시 편안히 눈을 감으셨다.

이것이 고우 스님의 마지막 모습이었다. 불기 2565년, 2021년 8월 29일이었다.

전국선원수좌회는 봉암사에서 5일 동안 애도의 기간을 가졌다. 그사이 많은 사부대중이 애도의 마음을 전했다. 문재인 대통령은 봉암사로 조전을 보내어 추모의 뜻을 밝혔다.

원적 5일째인 9월 2일 오전에 종정 진제 스님과 전국수좌 스님들 그리고 사부대중이 봉암사 대적광전 앞에서 영결식을 하고 희양산 다비장에서 다비를 했다.

그렇게 고우 스님은 한 줌의 재가 되어 자연으로 돌아갔다. 봉암사 수좌 대중이 고우 스님 열반 1주기에 봉암사 부도밭 적명 스님 부도 옆에 스님 탑을 세우고 기념했다.

2주기에는 금봉암에서 상좌와 재가 제자들이 고우 스님 탑과 비를 세우고 고우 스님의 뜻을 기렸다.

덧붙이는 말

부처님 가르침대로 살자 하신 고우 스님을 기리며

나는 정말로 운이 좋았다. 고우 스님을 만났기 때문이다. 이것을 절집에서는 복이라고 한다.

나는 부처님 가르침은 믿었지만, 내가 몸담고 있던 조계종과 간화선에 대해서는 회의하고 방황하는 마음이 있었는데, 그때 고우 스님을 만났다. 첫 만남에서 '이런 분을 도인이라 하겠구나!' 하는 확신이 들었다. 그 후 스님의 지혜와 자비의 법문을 들으면서 불교에 대한 견해를 다시 정립했고, 화두 참선을 통해 좋은 체험도 하여 조계종과 간화선의 가치에 눈을 뜨자 흔들리지 않는 믿음이 섰다.

아직 공부를 마친 것이 아니지만, 부처님이 왕궁을 떠나 출가하여 깨치고 인류에게 알려주신 불교가 영원한 행복, 대자유의 길임을 알게 되어 너무나 행복하다. 내가 이렇듯 자유롭고 행복한 것은 고우 스님을 만나 불교의 근본이 중도라는 것을 알았기 때문이다. 스님은 늘 '성철 스님의 『백일법문』이 인류 최고의 불교 입문서'라 평하시면서 불교를 알고자 하면 『백일법문』을 보라 하셨는데, 나에게도 같은 말씀을 하셨다. 나는 남다른 어리석음으로 열 번쯤 읽고 나서야 중도가 이해되어 더 이상 의심이 없어졌다. 부처님 깨달음의 세계를 사유 분별로나마 이해하니 너무나 기뻤다. 하지만, 욕망과 짜증과 화는 여전했다.

고우 스님은 불교란 이해만으로는 알 수 없고, 부처님이 깨친 중도를 마음으로 체험하고 실천해야 한다고 강조하셨다. 그리고 체험하는 방법 중 화두 참선인 간화선이 가장 빠르다고 하셨다. 이 말씀을 믿고 화두 참선을 하니 과연 깊고 고요하고 밝은 화두 삼매를 체험할 수 있었다. 이제 나에겐 삶과 세상에 대한 더 이상의 의심이 없다. 오직 부처님 가르침대로 살 뿐이다.

그러나 우리 주변에는 여전히 괴롭고 힘들고 갈등하고 방황하는 사람들이 적지 않다. 이런 분들이 불교의 중도와 간화선을 공부하여 정견을 세울 수 있다면 스스로 자기 마음에서 행복과 자유를 찾을 수 있으리라 확신한다.

이 좋은 불교와 간화선의 가치에 눈뜨게 해주신 고우 스님의 삶과 가르침을 나 혼자만 즐기고 누리기엔 너무나 아깝다는 생각이 들었다. 고우 스님은 말과 행동이 일치하는 수행자였다. 오직 부처님 가르침대로 살자고 하셨다. 그래서 당신이 일흔에 창건하신 금봉암에서는 재사, 불공은 물론 부처님오신날 연등도 달지 않고 오직 법회와 참선 수련만 하셨다.

이제 바다와 같은 지혜를 주신 스님이 돌아가셔서 너무 아쉽다. 크나큰 은혜를 입은 제자로서 이렇게 스님의 삶과 수행 기록을 모아 스님의 정신을 널리 알리고자 하나 여전히 스님의 행화行化에 비하여 턱없는 졸작이다.

은암 고우(隱庵 古愚 1937~2021) 대종사 연보

1937년 경북 고령에서 의성 김씨 재탁과 어머니 이단랑의 3남 1녀 중 막내로 태어나다.

1961년 경북 김천 수도암으로 출가, 법희 스님을 은사로 모시다.

1962년 청암사 강원에서 고봉 스님께 수학하다.

1963년 용주사 강원 관응 스님께 『대승기신론』을 공부하다.

1964년 상주 남장사 강원 혼해 스님께 『금강경』, 『능엄경』을 공부하다.

1965년 기장 묘관음사 선원 향곡 선사 문하에서 화두를 받고 첫 안거를 한 이래 평생 선의 길을 가다.

1966년 설악산 백담사에서 하안거를 지내고, 문경 운달산 금선대에서 서암 스님을 만나다.

1969년 문경 김룡사에서 수좌 도반 법연·무비·법화·법진·정광 스님과 봉암사 제2결사를 도모, 대한불교조계종 종립선원 봉암사의 기틀을 마련하다.

1970년 봉암사 총무 소임 중 산림법 위반으로 감옥에 가다.

1971년 문경 도장산 심원사에서 좌선 중 공의 이치를 깨닫다.

1972년 봉화 각화사 동암에서 정진하다.

1975년 남해 용문사 염불암에서 보임 중 성철 스님을 만나 돈오점수로 대들다.

서암 스님이 조계종 총무원장에 취임하자 조계사 재무 소임을 살다.

1977년 봉암사 주지를 맡아 선원을 건립하고 서암 스님을 조실로 모시다.

1980년 10·27법난이 나자 총무원 총무부장을 맡아 위기를 수습하고 종헌 종법 개정을 한 뒤 3개월 만에 산으로 돌아오다.

1982년 봉화 축서사 주지를 맡다. 도반 적명 스님과 선납회(禪衲會, 현 전국선원수좌회)를 창립하다.

1987년 각화사 동암에서 『육조단경』을 보다가 '백척간두 진일보'의 뜻을 깨치고, 성철 스님의 『선문정로』와 『백일법문』을 보고 돈오돈수로 사상적인 전환을 하다.

해인사에서 성철 스님, 서암 스님을 모시고 선화자 수련법회를 주도하여 선승 500여 명과 선어록 공부를 하고 간화선 중흥에 나서다.

2002년 각화사 태백선원에서 15개월 15시간 가행정진 결사를 하다.

2005년 전국선원수좌회와 조계종 교육원 공동으로 『간화선』(조계종출판사)을 편찬하여 화두참선의 현대적인 지침을 제시하다. 수좌회 주최로 해인사에서 선화자 법회가 다시 열리다. 문화체육관광부 초청으로 프랑스 파리에서 간화선 특강을 하다.

2006년 봉화 문수산에 조계종 금봉암을 창건하여 불교인재원과 함께 간화선 수련회를 수십 차례 진행하다. 금봉암을 부처님 가르침대로 사는 도량으로 운영하다.

2007년 조계종 원로의원에 추대되고, 대종사 품계를 받다.

2010년 조계사 선림원 증명법사에 추대되다.

2011년 공주 한국문화연수원에서 미얀마 파욱 스님과 함께 간화선과 위빠사나 국제연찬회를 2박 3일 진행하다.

2012년 불교인재원 주최 성철 스님 탄신 100주년 기념 『백일법문』 대강좌를 서울 조계사 한국불교역사문화기념관 공연장에서 성황리에 진행하다.

2017년 80세가 되자 일체 대중을 만나지 않고 홀로 정진하다.

2021년 8월 29일 세수 85세, 법랍 60세로 봉암사 동방장실에서 열반하다.

9월 2일 전국선원수좌회장으로 봉암사에서 영결식과 다비를 하다.

2022년 1주기에 봉암사 부도밭에 고우 대종사 부도를 세우다.

2023년 2주기에 금봉암에 부도와 비를 세우다.

법문집으로 『고우 스님 강설 육조단경』(조계종출판사), 『태백산 선지식의 영원한 행복』(어의운하)이 있고, 감수 역주본으로 『선요』, 『서장』, 『금강경삼가해』(운주사) 등이 있다.

부처님 가르침대로 살자

1판 1쇄 발행 2024년 8월 14일
1판 3쇄 발행 2024년 9월 10일

지은이 박희승
발행인 원명

대표 남배현
본부장 모지희
편집 김옥자 손소전
디자인 정면
경영지원 허선아
마케팅 서영주

펴낸곳 조계종출판사
주소 서울시 종로구 삼봉로 81 두산위브파빌리온 1308호
전화 02-720-6107
전송 02-733-6708
이메일 jogyebooks@naver.com
등록 제2007-000078호(2007.04.27)
구입문의 불교전문서점 향전(www.jbbook.co.kr) 02-2031-2070

ISBN 979-11-5580-224-3 03220

책값은 뒤표지에 표시되어 있습니다.

조계종 출판사 지혜와 자비의 눈으로 세상을 바라봅니다.